MW01224305

Paramahansa Yogananda
(1893 – 1952)

À la Source de la LUMIÈRE

Pensées de sagesse et d'inspiration
pour éclairer votre chemin dans la vie

Sélection de textes tirés
des enseignements de

PARAMAHANSA YOGANANDA

Self-Realization Fellowship
FOUNDED 1920
Paramahansa Yogananda

Titre original de l'ouvrage en anglais publié par la Self-Realization Fellowship, Los Angeles, Californie, USA :

WHERE THERE IS LIGHT

ISBN-13 : 978-0-87612-276-1
ISBN-10 : 0-87612-276-4

Traduit en français par la Self-Realization Fellowship
Copyright © 2009 Self-Realization Fellowship

Édition autorisée par le Conseil des Publications internationales de la
SELF-REALIZATION FELLOWSHIP

Le nom « Self-Realization Fellowship » et l'emblème ci-dessus apparaissent sur tous les livres, enregistrements et autres publications de la SRF, garantissant au lecteur qu'une œuvre provient bien de la société établie par Paramahansa Yogananda et dispense fidèlement ses enseignements.

Première édition, première impression en français
Self-Realization Fellowship, 2010

ISBN-13 : 978-0-87612-017-0
ISBN-10 : 0-87612-017-6

Imprimé aux États-Unis
1680-J1098

L'HÉRITAGE SPIRITUEL DE PARAMAHANSA YOGANANDA

Un siècle après sa naissance, Paramahansa Yogananda est reconnu comme l'une des grandes figures spirituelles de notre temps et l'influence de sa vie et de son œuvre continue toujours de s'étendre. Nombreux sont les concepts religieux et les méthodes philosophiques, exposés par Paramahansa Yogananda il y a quelques décennies, qui trouvent maintenant leur expression dans l'éducation, la psychologie, les affaires, la médecine, ou dans d'autres domaines, contribuant d'une manière importante à donner de la vie de l'homme une vision plus harmonieuse, plus humaine et spirituelle.

Le fait que les enseignements de Paramahansa Yogananda soient maintenant interprétés et appliqués de façon créative dans de nombreux secteurs d'activités, ou par les représentants de divers mouvements philosophiques et métaphysiques, ne souligne pas seulement l'aspect utile et pratique de ce qu'il enseignait. Cela met aussi en évidence la nécessité de trouver un moyen permettant de s'assurer que l'héritage spirituel laissé par Paramahansa Yogananda ne sera pas dilué, fragmenté ou déformé au fil du temps.

Étant donné que les sources d'information concernant Paramahansa Yogananda se multiplient, les lecteurs demandent parfois comment ils peuvent être certains qu'une publication présente sa vie et son enseignement avec exactitude. En réponse à ces demandes, nous souhaiterions expliquer que Sri Yogananda a fondé la Self-Realization Fellowship afin de répandre ses enseignements et de les préserver dans toute leur pureté et intégrité pour les générations futures. Il choisit et forma personnellement de proches disciples pour diriger le Conseil des Publications de la Self-Realization Fellowship et leur donna des directives précises pour la préparation et la publication de ses conférences, de ses écrits et des *Leçons de la Self-Realization*. Les membres du Conseil des Publications de la SRF considèrent le fait de respecter ces directives comme une tâche sacrée, de façon à ce que le message universel de ce maître bien-aimé et mondialement connu puisse continuer à vivre dans toute sa puissance et son authenticité originelles.

Le nom « Self-Realization Fellowship » et l'emblème SRF (voir page *V*) ont été créés par Paramahansa Yogananda pour identifier l'organisation qu'il fonda dans le but de mener à bien son œuvre spirituelle et humanitaire mondiale. Ils apparaissent sur tous les livres, cassettes audio, enregistrements vidéo, films et autres publications de la Self-Realization Fellowship, donnant ainsi au lecteur la garantie que ces œuvres proviennent bien de l'organisation fondée par Paramahansa Yogananda et qu'elles transmettent fidèlement ses enseignements comme il souhaitait lui-même qu'ils soient transmis.

Self-Realization Fellowship

PRÉFACE

DE SRI DAYA MATA

Présidente et responsable spirituelle de la
Self-Realization Fellowship /
Yogoda Satsanga Society of India

Au cours des nombreuses années où j'ai eu la bénédiction de recevoir la formation spirituelle de Paramahansa Yogananda [1], il m'est apparu que la véritable sagesse possède deux caractéristiques : D'abord, elle englobe tous les aspects de notre être – corps, esprit et âme – ainsi que notre vie personnelle et notre relation avec la famille, la communauté et le monde. En même temps, la véritable sagesse est si simple et si directe que nous pensons intérieurement : « Mais oui, bien sûr ! Cela je l'ai toujours su ! » Nous avons l'impression de réveiller une compréhension qui était déjà présente en nous. Lorsque la vérité nous touche d'une manière si profonde, de simple philosophie elle se transforme instantanément en solutions concrètes et réalisables pour résoudre nos problèmes.

Telles étaient les vérités qui jaillissaient sans cesse de la bouche de mon guru, Paramahansa Yogananda. Ni abstractions, ni platitudes théologiques, celles-ci exprimaient de façon pratique cette sagesse suprême qui apporte succès, santé, bonheur durable et amour divin dans toutes les circonstances de la vie. Bien qu'avec une grande variété et profondeur

---

[1] Sri Daya Mata entra dans l'ordre monastique de la Self-Realization Fellowship en 1931 et reçut directement de Paramahansa Yogananda une formation spirituelle pendant plus de vingt ans. Elle fut choisie par lui pour être le troisième président et la représentante de sa société mondiale en tant que chef spirituel, une position qu'elle occupe depuis 1955 jusqu'à nos jours.

les enseignements de Paramahansaji [1] remplissent de nombreux volumes, nous sommes heureux de présenter dans cette anthologie quelques-unes de ses pensées qui, tels des joyaux, brillent tout au long de ses écrits et conférences. Ces profondes vérités, exprimées en quelques mots puissants, nous font à nouveau prendre conscience de nos ressources intérieures illimitées et nous offrent des perspectives encourageantes en période d'incertitude ou de difficultés.

Paramahansa Yogananda s'efforçait d'éveiller en ceux qui recherchaient sa formation spirituelle ces capacités innées de force intérieure et de compréhension intuitive. Lorsque des difficultés surgissaient dans notre propre vie comme dans la bonne marche de sa société internationale, nous nous tournions vers lui pour trouver une solution. Mais la plupart du temps, avant même que nous ayons l'opportunité de dire quoi que ce soit, il nous faisait signe de nous asseoir pour méditer. En sa présence, nos esprits s'apaisaient et se concentraient sur Dieu ; l'agitation et la confusion créées par nos problèmes s'évanouissaient alors complètement. Même s'il n'avait pas donné de réponses à nos questions, lorsque nous retournions à nos devoirs, nos pensées se formaient plus clairement et nous devenions capables de discerner la bonne marche à suivre.

Paramahansaji nous a inculqué de solides principes qui nous permettaient de diriger nos pensées et nos actions avec sagesse, courage et foi. Mais il n'était pas question pour lui de penser à notre place ; il insistait pour que nous développions notre propre discernement en approfondissant notre harmonie avec Dieu, de sorte que nous soyons capables de percevoir

---

[1] *Ji* est un suffixe indiquant le respect.

par nous-mêmes quelle est la meilleure façon d'agir en toute situation.

Mon vœu le plus cher est que chaque lecteur trouve dans cette sélection des écrits de Paramahansa Yogananda la sagesse et l'inspiration nécessaires pour se frayer un chemin victorieux à travers tous les défis lancés par la vie. Par-dessus tout, puissent ces vérités vous encourager durablement à découvrir ces ressources intérieures de force, de joie et d'amour qui jaillissent de notre relation éternelle avec Dieu. Car dans cette découverte réside le plus grand accomplissement que la vie peut nous offrir.

Daya Mata

Los Angeles, Californie
Décembre 1988

INTRODUCTION

« Dans l'espace apparemment vide de l'univers, il y a un Lien, une Vie éternelle, qui unit toute chose, animée ou inanimée – une seule vague de Vie déferlant sur tout ce qui existe. »

Paramahansa Yogananda

Alors que notre civilisation terrestre entre dans le vingt et unième siècle, notre plus grande cause d'optimisme provient du fait que l'unité sous-jacente de la vie soit en passe d'être reconnue. Les traditions spirituelles les plus élevées de l'humanité ont enseigné pendant des siècles que nos vies humaines font partie intégrante de l'ensemble de l'univers ; aujourd'hui ces traditions sont rejointes par les physiciens, ces nouveaux « visionnaires » qui proclament qu'il existe un lien entre les galaxies les plus éloignées et les plus petites cellules de notre corps. Et comme leurs découvertes commencent à coïncider avec celles des biologistes, médecins, psychologues, écologistes et autres, nous nous trouvons à la veille d'une véritable révolution dans la compréhension humaine, car en percevant une unité et une harmonie si vaste et si incroyablement parfaite, nous ne pouvons qu'avoir une vision radicalement différente de nous-mêmes et de nos potentiels.

Cette nouvelle vision nous offre un profond sentiment de réconfort face aux défis importants auxquels notre monde est confronté aujourd'hui. Nous commençons à découvrir qu'en fait nous ne sommes pas les victimes impuissantes d'un cosmos voué au chaos par les caprices du hasard. Les maladies du corps et de l'esprit, les « maladies » tout aussi alarmantes affectant notre stabilité familiale, sociale et économique, les menaces écologiques frappant la terre elle-même, tout cela provient d'un désaccord avec l'harmonie et l'unité essentielles du cosmos, que ce soit sur le plan personnel, communautaire, national ou planétaire. Mais en apprenant à intégrer nos vies dans cette harmonie universelle, nous pouvons faire face victorieusement à tout problème menaçant notre bien-être [1].

Notre époque a bénéficié d'une quantité sans précédent de théories et de méthodes permettant d'atteindre ce bien-être. La médecine, la psychologie et des approches métaphysiques toujours plus nombreuses nous offrent toutes des solutions d'après leur point de vue spécifique. Mais cette avalanche d'informations, la plupart apparemment en contradiction les unes avec les autres, nous laisse souvent incapables de discerner une continuité, un ordre, qui nous permettrait de faire converger les efforts réalisés en vue de nous aider nous-mêmes ou d'aider les autres. En fait, nous désirons ardemment disposer d'une perspective plus vaste, d'une voie permettant d'harmoniser et de transcender les différents points de vue partiaux résultant de l'excès de spécialisation de notre ère.

Cette perspective plus vaste – découverte il y a bien longtemps par les fondateurs des grandes traditions spirituelles du monde et de nouveau entrevue

---

[1] « L'ordre cosmique qui soutient l'univers n'est pas différent de l'ordre moral qui régit la destinée de l'homme », écrivait Paramahansa Yogananda. La science moderne ne cesse de confirmer l'efficacité des méthodes antiques de l'Inde qui produisent un équilibre harmonieux entre la conscience humaine et les lois cosmiques. C'est ainsi que le prix Nobel de physique, le professeur Brian D. Josephson disait récemment : « Le Védanta et le Sankhya [systèmes philosophiques hindous dont le yoga est l'application pratique] détiennent la clé pour comprendre les lois de l'esprit et le processus de la pensée, qui sont en corrélation avec le champ quantique, c'est-à-dire le fonctionnement et la distribution des particules aux niveaux atomique et moléculaire. »

par les scientifiques, pionniers des temps modernes – révèle que les principes universels qui gouvernent toute la création sont sous-jacents à la science et à la religion. « La science ne regarde la vérité que de l'extérieur, disait Paramahansa Yogananda. Le métaphysicien regarde la vérité de l'intérieur pour aller vers l'extérieur. C'est pour cela qu'ils sont en conflit. Mais les êtres qui ont atteint la réalisation divine comprennent la science comme la métaphysique et ne trouvent aucune différence entre elles. Ils voient le parallèle entre la science et la vérité parce qu'ils sont capables d'avoir une vision complète des choses. »

Tout au long de sa vie [1] Paramahansa Yogananda s'efforça de montrer comment chacun de nous peut transformer la conception intellectuelle de cette vision de l'harmonie en une expérience directe et personnelle, applicable dans la vie quotidienne. Maître mondialement apprécié, Paramahansa Yogananda introduisit en Occident l'ancienne science de la méditation du Yoga [2] en 1920. Il chercha à réunir l'Orient et l'Occident par le lien durable de la compréhension spirituelle et à faire prendre conscience des ressources infinies de paix, d'amour et de joie existant à l'intérieur de tout être humain.

À la Source de la Lumière ne contient qu'un petit échantillon de son enseignement. La diversité des sujets contenus dans ce livre reflète la variété des sources dont ils proviennent : certains passages sont tirés de conférences publiques ou de cours, d'autres de discours informels faits devant de petits groupes de disciples ou d'amis et d'autres encore sont tirés de ses écrits.

[1] Voir « Quelques mots sur l'auteur », page 195.
[2] Voir *yoga* dans le glossaire.

Pour obtenir de plus amples détails sur les principes dont il est question dans le présent ouvrage, vous pouvez vous reporter à la liste des publications indiquées page 200. Pour les lecteurs, qui ne seraient pas familiarisés avec la philosophie et les idéaux spirituels de Paramahansa Yogananda, *À la Source de la Lumière* peut de façon très utile leur servir d'introduction. Et pour tous ceux qui ont déjà commencé le voyage intérieur vers la Source de cette lumière, cette anthologie servira de recueil de conseils spirituels et de ressource incomparable de sagesse et d'inspiration pour la vie de tous les jours.

Self-Realization Fellowship

À la Source de la
de la
LUMIÈRE

CHAPTER 1

Notre potentiel est infini

Lorsque nous commençons à considérer l'être humain dans sa totalité, nous nous rendons compte qu'il n'est pas seulement un organisme physique. En effet, l'être humain est doté de nombreuses facultés qu'il utilise à un degré plus ou moins grand pour s'adapter aux conditions de ce monde. Et toutes ces facultés ont un potentiel beaucoup plus vaste qu'on ne le pense généralement.

❖ ❖ ❖

Derrière la lumière de chaque petite ampoule électrique se cache un puissant courant dynamique et sous chaque petite vague se trouve le vaste océan qui se manifeste en une multitude de vagues. Il en est de même pour les êtres humains. Dieu a créé chaque être à Son image [1] et a donné à chacun la liberté d'action. Mais vous oubliez la Source de votre existence et le pouvoir incomparable de Dieu qui est inhérent à votre être. Les possibilités de ce monde sont sans limites et le potentiel qu'a l'homme de progresser est aussi sans limites.

❖ ❖ ❖

Le « Moi » véritable est la Source inépuisable de tout pouvoir, tandis que le « moi » ordinaire n'est qu'un fragment de ce que l'on peut exprimer et manifester. Le « Moi » fondamental a un potentiel infini.

[1] Genèse 1 : 27.

❖ ❖ ❖

En vérité, ce que vous êtes est bien supérieur à tout ce que vous avez jamais désiré être ou désiré posséder. Dieu se manifeste en vous de façon unique et incomparable. Votre visage ne ressemble à aucun autre visage, votre âme ne ressemble à aucune autre âme. Votre être est complet en lui-même, car au fond de votre âme se trouve le plus précieux des trésors : Dieu.

❖ ❖ ❖

Tous les grands maîtres déclarent que le corps abrite l'âme immortelle, une étincelle de l'Énergie universelle.

❖ ❖ ❖

D'où provient notre véritable personnalité ? Elle émane de Dieu. Dieu est Conscience absolue, Existence absolue, Béatitude absolue... En vous intériorisant avec concentration, vous pouvez ressentir directement la joie divine de votre âme, en vous et tout autour de vous. Si vous parvenez à vous stabiliser à ce niveau de conscience, votre personnalité se développera et exercera un pouvoir d'attraction sur tous les êtres. L'âme est faite à l'image de Dieu et lorsque nous prenons enfin conscience de l'âme, notre personnalité commence à refléter la bonté et la beauté de Dieu. En fait, c'est là votre véritable personnalité. Tout autre trait de caractère que vous manifestez vient en quelque sorte se greffer sur elle, mais ne constitue pas votre véritable « moi ».

❖ ❖ ❖

Ce qui nous pousse à accomplir et à être ce qu'il y a de plus noble et de plus beau est l'élan créateur de toute œuvre majeure. En fait, nous nous efforçons d'atteindre la perfection ici-bas car nous désirons ardemment rétablir notre unité avec Dieu.

❖ ❖ ❖

L'âme est absolument parfaite, mais quand elle s'identifie au corps en tant qu'ego [1], son expression est alors déformée par les imperfections humaines... Le Yoga nous enseigne à percevoir la nature divine qui se trouve en nous-même et dans les autres. La méditation yoguique nous permet de savoir que nous sommes tous des dieux [2].

❖ ❖ ❖

Le reflet de la lune ne peut se distinguer clairement sur un lac agité, mais si la surface de l'eau est calme, l'image parfaite de la lune y apparaît. Il en est ainsi de l'esprit : quand celui-ci est calme, il reflète clairement la face lumineuse de l'âme. En tant qu'âmes, nous sommes des reflets de Dieu. Quand, à l'aide des techniques de méditation [3], nous calmons l'agitation des pensées sur le lac de notre esprit, nous pouvons

[1] Voir *égoïsme* dans le glossaire.
[2] J'avais dit : « Vous êtes des dieux, vous êtes tous des fils du Très-Haut. » (Psaumes 82 : 6.) « N'est-il pas écrit dans votre Loi : *J'ai dit : Vous êtes des dieux !* » (Jean 10 : 34.)
[3] « Restez tranquilles et sachez que je suis Dieu. » (Psaumes 46 : 11.) Les techniques scientifiques de méditation yoguique, permettant de calmer et d'intérioriser la conscience pour percevoir la présence de Dieu en soi-même, sont enseignées par Paramahansa Yogananda dans les *Leçons de la Self-Realization Fellowship*. Cette série complète de leçons par correspondance, extraite de ses cours et conférences est disponible auprès du siège international de la Self-Realization Fellowship.

contempler notre âme, parfait reflet de l'Esprit et nous réalisons que l'âme et Dieu ne font qu'Un.

❖ ❖ ❖

Réaliser le Soi [1], c'est savoir sur les plans physique, mental et spirituel que nous ne faisons qu'un avec l'omniprésence de Dieu ; que nous n'avons pas à prier pour qu'elle vienne à nous, parce que non seulement nous sommes près d'elle à tout moment, mais parce que l'omniprésence de Dieu est notre propre omniprésence et que nous faisons autant partie de Dieu maintenant qu'à tout jamais. Il nous appartient simplement d'approfondir ce savoir.

❖ ❖ ❖

Concentrez toute votre attention à l'intérieur de vous-même [2]. Vous ressentirez alors une force nouvelle, une énergie nouvelle et une paix nouvelle dans votre corps, dans votre esprit et dans votre âme… En communiant avec Dieu, vous changerez votre statut d'être mortel en être immortel. Quand vous accomplirez cela, tous les liens qui vous limitent se briseront.

❖ ❖ ❖

Il y a en vous une mine de pouvoirs qui demeurent inexploités. En fait, vous utilisez inconsciemment vos facultés et vous obtenez certains résultats. Mais si vous appreniez à les maîtriser et à les utiliser consciemment, vous pourriez devenir beaucoup plus efficace.

[1] Voir *Soi* dans le glossaire.
[2] « On ne dira point : Il est ici, ou : Il est là. Car sachez que le royaume de Dieu est en vous. » (Luc 17 : 21.)

❖ ❖ ❖

Seules quelques personnes dans ce monde essaient de développer consciemment leur potentiel physique, mental et spirituel. Les autres sont victimes de circonstances du passé. Poursuivant péniblement leur chemin, entraînées par d'anciennes habitudes néfastes et incapables d'échapper à leur influence, elles se contentent de répéter : « Je suis nerveux », « Je suis un être faible », « Je suis un pauvre pécheur », etc.

Il appartient à chacun d'entre nous de briser, avec l'épée de la sagesse, les chaînes de l'esclavage ou bien d'en rester prisonnier.

❖ ❖ ❖

Une des illusions de la vie est de penser que l'on doit continuer à vivre en spectateur impuissant. Dès que vous dites : « C'est inutile », cela le devient !... Le fait de penser que vous ne pouvez pas changer à volonté n'est qu'une illusion.

❖ ❖ ❖

Notre petit esprit fait partie de l'esprit omnipotent de Dieu. Sous la vague de notre conscience, il y a l'océan infini de Sa conscience. C'est parce que la vague oublie qu'elle fait partie de l'Océan qu'elle se trouve exclue de la puissance océanique. En conséquence, notre esprit se retrouve affaibli par les épreuves et les limitations physiques, au point qu'il ne remplit plus ses fonctions. Vous seriez surpris de voir tout ce que votre esprit pourrait accomplir si vous rejetiez toutes les limitations que vous lui avez imposées.

❖ ❖ ❖

Pourquoi limiter ses capacités à l'idée qu'il vaut mieux ne pas mettre « les bouchées doubles » ? Je crois au contraire qu'il faut prendre de grandes bouchées, puis bien les mâcher !

❖ ❖ ❖

L'esprit est comme un élastique. Plus vous l'étirez, plus il s'allonge. Mais l'élastique mental ne se cassera jamais. Chaque fois que vous vous sentez limité, fermez les yeux et dites-vous : « Je suis l'Infini. » Vous prendrez alors conscience de tout le pouvoir qui est en vous.

❖ ❖ ❖

Lorsque vous me dites que vous ne pouvez pas faire telle ou telle chose, je ne le crois pas. Tout ce que vous décidez de faire, vous pouvez le faire. Dieu est la somme totale de tout et Son image est en vous. Il peut tout faire, et vous aussi, si vous apprenez à vous identifier à Sa nature illimitée.

❖ ❖ ❖

Ne vous considérez pas comme un faible mortel. Une quantité insoupçonnable d'énergie se dissimule dans votre cerveau où un gramme de chair contient assez d'énergie pour faire fonctionner une ville comme Chicago pendant deux jours [1]. Et vous dites que vous êtes fatigué ?

❖ ❖ ❖

[1] Bien des siècles avant que les physiciens modernes n'aient prouvé l'équivalence entre la matière et l'énergie, les sages de l'Inde proclamaient déjà que toute substance matérielle est réductible à des formes d'énergie. Voir *prana* dans le glossaire.

En nous créant, Dieu a fait de nous des anges d'énergie enchâssés dans la matière, des courants de vie étincelant à travers une ampoule de chair. Mais si on se concentre sur les faiblesses et la fragilité de cette ampoule corporelle, sujette aux mutations, on oublie comment percevoir les propriétés immortelles et indestructibles de l'énergie vitale éternelle qui l'alimente.

❖ ❖ ❖

Lorsque vous transcendez la conscience de ce monde, en sachant que vous n'êtes ni le corps ni l'esprit, tout en étant cependant plus conscient que jamais d'exister, vous réalisez ce que vous êtes vraiment : la conscience divine qui est à l'origine de tous les phénomènes de l'univers.

❖ ❖ ❖

Vous êtes tous des dieux. Si seulement vous le saviez ! Derrière la vague de votre conscience se trouve la présence océanique de Dieu. Intériorisez-vous. Ne vous concentrez pas sur la vaguelette du corps et ses faiblesses. Regardez au-delà... Dès que vous élèverez votre conscience au-delà du corps et de ses expériences, vous découvrirez que cette nouvelle sphère de conscience est remplie de la joie et de la béatitude sans fin qui font luire les étoiles et provoquent vents et tempêtes. Dieu est la source de toutes nos joies et de toutes les manifestations de la nature...

Libérez-vous des ténèbres de l'ignorance. Vous avez fermé les yeux dans le sommeil de l'illusion [1]. Réveillez-vous ! Ouvrez les yeux et vous verrez la gloire de Dieu, la

[1] Voir *maya* dans le glossaire.

vaste perspective de lumière divine s'étendant sur toute chose. Je vous demande d'être de divins réalistes et vous trouverez en Dieu la réponse à toutes vos questions.

————◆•◆————

AFFIRMATIONS [1]

Je suis immergé dans la lumière éternelle. Elle imprègne toutes les particules de mon être. Je vis dans cette lumière. L'Esprit divin est en moi et autour de moi.

❖ ❖ ❖

Ô Père ! Brise les limites de la petite vague de ma vie, pour que je puisse rejoindre l'océan de Ton immensité.

[1] Des instructions pour utiliser les affirmations sont indiquées page 31 et suivantes.

CHAPITRE 2

Le courage dans l'adversité

Tout ce qui a été créé par le Seigneur est là pour nous mettre à l'épreuve afin de faire apparaître l'immortalité de l'âme cachée en nous. Telle est l'aventure de la vie et tel en est le seul but. Et l'aventure de chacun est différente et unique. Préparez-vous à affronter tout problème physique, psychologique ou spirituel avec bon sens et foi en Dieu, en sachant que, dans la vie comme dans la mort, votre âme reste invincible.

❖ ❖ ❖

Ne vous laissez jamais abattre par la vie. Triomphez d'elle ! Si vous avez de la détermination, vous pouvez surmonter n'importe quel obstacle. Affirmez, même dans les moments de pires difficultés : « Le danger et moi sommes nés ensemble et je suis plus dangereux que le danger ! » N'oubliez jamais cette vérité. Mettez-la en pratique et vous serez témoin de son efficacité. Ne vous conduisez pas comme un être mortel craintif. Vous êtes un enfant de Dieu !

❖ ❖ ❖

Nombreux sont ceux qui ont peur des problèmes de la vie. Pour ma part je ne les ai jamais redoutés car j'ai toujours prié en ces termes : « Seigneur, que Ton pouvoir augmente en moi. Permets que je garde un état d'esprit positif car avec Ton aide je peux toujours surmonter mes difficultés. »

❖ ❖ ❖

Puisque vous êtes fait à l'image de Dieu, c'est une erreur de croire que la difficulté de vos épreuves est telle que votre pouvoir divin ne pourra la surmonter. N'oubliez pas que, quelles que soient vos épreuves, vous n'êtes pas trop faible pour les affronter. Dieu ne permettra jamais que vous soyez éprouvé au-delà de ce que vous êtes capable de supporter.

❖ ❖ ❖

Saint François d'Assise a rencontré plus de difficultés que vous ne pouvez l'imaginer, mais il ne s'est jamais avoué vaincu. Il a surmonté tous les obstacles un par un, par le pouvoir de son esprit, jusqu'à devenir un avec le Maître de l'Univers. Pourquoi n'auriez-vous pas, vous aussi, ce genre de détermination ?

❖ ❖ ❖

Regardez chaque épreuve qui se présente à vous comme une opportunité pour vous améliorer. Lorsque vous traversez des périodes difficiles, vous vous révoltez généralement en ces termes : « Pourquoi cela doit-il m'arriver ? » Considérez plutôt chaque difficulté comme une pioche avec laquelle vous pouvez creuser le champ de votre conscience pour faire jaillir la source des forces spirituelles qui sont en vous. Chaque épreuve doit révéler les pouvoirs cachés en vous, qui êtes un enfant de Dieu, fait à Son image.

❖ ❖ ❖

Fuir les problèmes peut sembler être la solution la plus facile. Cependant, ce n'est qu'en vous mesurant à un puissant adversaire que vous gagnez de la force. Celui qui ne se heurte à aucune difficulté ne peut grandir.

❖ ❖ ❖

La vie n'aurait en fait aucune valeur si nous n'avions pas à surmonter un flot continu de difficultés. Chaque problème qui attend de nous une solution constitue un devoir sacré imposé par la vie. Fuir ses problèmes, qu'ils soient d'ordre physique ou psychologique, revient à fuir la vie elle-même, car il ne saurait y avoir de vie qui ne soit remplie de problèmes.

❖ ❖ ❖

Sur le champ de bataille de la vie, accueillez toute personne et toute circonstance avec le courage d'un héros et le sourire d'un conquérant.

❖ ❖ ❖

Lorsque je rencontre de sérieuses épreuves, je cherche d'abord en moi-même à en comprendre le sens. Je ne blâme pas les circonstances et n'essaie pas non plus de corriger quiconque. Avant tout, je m'intériorise. J'essaie d'éliminer de la citadelle de mon âme tout ce qui l'empêche de se manifester dans sa toute-puissance et sa sagesse. Telle est la façon de vivre qui conduit au succès.

❖ ❖ ❖

Tout problème ou toute maladie renferme pour nous une leçon. Les expériences douloureuses ne visent pas à nous détruire, mais à consumer nos impuretés pour hâter notre retour à la Demeure divine. Personne plus que Dieu n'aspire à notre libération.

❖ ❖ ❖

Le nuage artificiel de l'illusion s'est interposé entre nous et Dieu et Il regrette que nous L'ayons perdu de vue. Il est triste de voir Ses enfants tellement souffrir en périssant sous les bombes et en succombant à de terribles maladies ou à des manières de vivre nuisibles. Il le déplore car Il nous aime et veut nous voir revenir à Lui. Si seulement vous faisiez l'effort de méditer chaque nuit pour être avec Lui ! Il pense tellement à vous ! Il ne vous a pas abandonné, c'est vous qui avez abandonné votre Soi.

❖ ❖ ❖

Lorsque vous considérez les expériences de la vie comme instructives car elles vous font découvrir la vraie nature du monde et le rôle que vous y jouez, ces expériences deviennent des guides précieux pour atteindre le succès et le bonheur éternels.

❖ ❖ ❖

La souffrance est, en un sens, votre meilleure amie car elle vous met en quête de Dieu. En prenant conscience des imperfections de ce monde, vous serez poussé à rechercher la perfection de Dieu. À vrai dire, Dieu utilise le mal non pour nous détruire, mais pour nous détourner de Ses jouets illusoires que sont les distractions de ce monde, afin de nous inciter à Le rechercher.

❖ ❖ ❖

Lorsque votre vie s'obscurcit, n'oubliez pas que c'est l'ombre de la main caressante de la Mère Divine [1] qui se tend vers vous. Parfois, Sa main fait de l'ombre avant de vous effleurer de Sa caresse. Quand les difficultés se présentent, ne pensez donc pas que la Mère Divine vous punit ; la main qu'Elle tend pour vous rapprocher d'Elle projette une ombre sur vous, mais elle est aussi porteuse de bénédictions.

❖ ❖ ❖

La souffrance est un bon maître pour ceux qui apprennent vite et sont disposés à en tirer des leçons. Mais elle tyrannise ceux qui résistent et s'irritent contre elle. La souffrance peut pratiquement tout nous enseigner. Ses leçons nous incitent à cultiver le discernement, la maîtrise de soi, le non-attachement, les valeurs morales et une conscience spirituelle transcendante. Par exemple, les maux d'estomac nous indiquent de ne pas trop manger et de surveiller notre alimentation. La douleur ressentie lors de la perte d'êtres chers ou de biens matériels nous rappelle la nature temporelle de toutes choses dans ce monde illusoire. Les conséquences de nos mauvaises actions nous forcent à exercer le discernement. Pourquoi ne pas apprendre plutôt par la sagesse ? Ainsi vous ne vous exposerez pas à la dure et vaine discipline imposée par cet impitoyable despote qu'est la souffrance.

❖ ❖ ❖

[1] Les Écritures de l'Inde enseignent que Dieu est à la fois personnel et impersonnel, immanent et transcendant. En Occident, les fidèles s'adressent traditionnellement à Dieu dans Son aspect personnel de Père ; en Inde, la conception de Dieu en tant que Mère tendre et compatissante de l'Univers est plus répandue. Voir *Mère Divine* dans le glossaire.

La souffrance est causée par le mauvais usage du libre arbitre. Dieu nous a donné le pouvoir de L'accepter ou de Le rejeter. Il ne veut pas que nous soyons confrontés au chagrin, mais Il n'intervient pas non plus lorsque le choix de nos actions nous conduit à la souffrance.

❖ ❖ ❖

Toutes les causes de mauvaise santé, d'échec financier soudain, ou d'afflictions survenant inopinément et sans raison apparente, ont été créées par vous-même dans le passé, dans cette incarnation ou dans une incarnation précédente, et ces causes ont germé silencieusement dans votre conscience [1]... Ne condamnez ni Dieu ni personne si vous souffrez de maladies, de difficultés financières ou de troubles émotionnels. Vous avez créé la cause du problème dans le passé et vous devez maintenant redoubler d'effort pour la déraciner.

❖ ❖ ❖

Trop de gens interprètent mal la signification du karma [2] en adoptant une attitude fataliste. Vous n'êtes pas obligé d'accepter le karma. Si je vous dis que quelqu'un derrière vous s'apprête à vous faire du mal car vous l'avez frappé autrefois et si vous vous résignez en disant : « Eh bien, c'est mon karma ! », puis attendez qu'il vous frappe, vous recevrez certainement

---

[1] La réincarnation ou le voyage évolutif de l'âme retournant vers Dieu nous permet de renouveler nos possibilités de croissance, d'accomplissement et de réalisation qu'il nous serait impossible d'atteindre en une seule et brève vie terrestre. Voir glossaire.

[2] Résultats des actions passées, régis par la loi de cause à effet. « Ce qu'un homme aura semé, il le moissonnera aussi. » (Galates 6 : 7.) Voir glossaire.

un coup ! Pourquoi ne pas essayer plutôt d'apaiser votre agresseur ? En le calmant, vous pourriez diminuer sa rancœur et lui enlever le désir de vous frapper.

❖ ❖ ❖

Les conséquences de vos actions risquent moins de vous nuire si vous ne les laissez pas vous influencer. N'oubliez pas cela. Vous pouvez aussi résister en neutralisant les effets néfastes de vos mauvaises actions passées par les effets favorables de vos bonnes actions présentes. Vous évitez ainsi de créer un environnement propice à l'expression de votre mauvais karma.

❖ ❖ ❖

Quand vous réalisez que vous êtes vous-même un enfant de Dieu, quel peut être alors votre karma ? Dieu n'a pas de karma, et vous non plus lorsque vous *savez* que vous êtes Son enfant. Vous devriez affirmez quotidiennement : « Je ne suis pas un être mortel, je ne suis pas ce corps physique. Je suis un enfant de Dieu. » Pratiquez ainsi la présence de Dieu. Dieu est libre de tout karma. Vous êtes fait à Son image. Vous êtes donc également libre de tout karma.

❖ ❖ ❖

Ne laissez personne dire que votre souffrance ou vos problèmes sont votre karma. Vous [l'âme] n'avez pas de karma. Shankara [1] disait : « Je suis un avec l'Esprit. Je suis Lui. » Si vous *réalisez* cette vérité, vous

---

[1] Swami Shankara était l'un des plus illustres philosophes de l'Inde. L'époque pendant laquelle il vécut n'est pas bien définie ; certains historiens la situent au huitième siècle ou au début du neuvième siècle.

êtes un dieu. Mais si vous ne cessez d'affirmer mentalement : « je suis un dieu », tandis qu'intérieurement vous pensez : « mais pourtant il me semble que je suis un être mortel », vous êtes alors un être mortel. Si vous *savez* que vous êtes un dieu, vous êtes libre.

❖ ❖ ❖

« Ne savez-vous pas que vous êtes le temple de Dieu, et que l'Esprit de Dieu habite en vous [1] ? » Si vous parvenez à clarifier et à élargir votre esprit par la méditation pour recevoir Dieu dans votre conscience, vous serez, à votre tour, délivré de l'illusion de la maladie, des limitations et de la mort.

❖ ❖ ❖

Si vous voulez transcender le karma, essayez de réaliser les trois vérités suivantes : 1) *Lorsque l'esprit est puissant et que le cœur est pur, vous êtes libre.* C'est l'esprit qui vous relie à la douleur du corps. Quand vos pensées sont pures et que vous êtes psychologiquement fort, les effets pénibles d'un mauvais karma ne sauraient vous faire souffrir. Ceci fut pour moi une découverte très encourageante. 2) *Dans le sommeil subconscient, vous êtes libre.* 3) *Lorsque dans un état d'extase [2], vous vous identifiez à Dieu, vous n'avez pas de karma.* Voilà pourquoi les saints disent : « Priez sans cesse. » Quand vous priez et

---

[1] I Corinthiens 3 : 16.

[2] État de conscience élevé qui permet l'expérience directe de Dieu. Dans l'état de conscience de veille, on perçoit son corps et l'environnement extérieur. L'état de subconscience est celui de l'esprit intérieur qui agit durant le sommeil et dans toute opération mentale telle que la mémoire. L'état de superconscience est la transcendance de l'esprit supérieur ou conscience spirituelle de l'âme. Voir glossaire.

méditez continuellement, vous accédez aux régions de la superconscience où nul désagrément ne peut vous atteindre.

❖ ❖ ❖

Par les méthodes suivantes, vous pouvez, dès maintenant, vous libérer du karma : Chaque fois que des difficultés karmiques vous assaillent, allez dormir, ou formez des pensées pures et forgez-vous un mental d'acier en disant : « Je suis au-dessus de tout cela » ; ou mieux encore, par la méditation profonde, entrez dans l'état divin de superconscience. La béatitude expérimentée dans cet état de conscience est la véritable nature de l'âme que vous avez oubliée en vous identifiant depuis si longtemps avec le corps physique. Il vous faut reconquérir cet état paisible et bienheureux de l'âme.

❖ ❖ ❖

La nature de l'âme [en tant qu'Esprit individualisé] est félicité : un état intérieur de joie durable, toujours renouvelée, toujours diversifiée. Cette béatitude donne pour toujours une joie impérissable à celui qui l'atteint, même lorsqu'il traverse l'épreuve de la souffrance physique ou de la mort.

❖ ❖ ❖

Des remèdes tels que les médicaments, le confort matériel ou des paroles consolatrices ont leur utilité pour aider à éliminer la souffrance, mais le meilleur remède est la pratique du Kriya Yoga [1], renforcée par

---

[1] Technique scientifique de communion intérieure avec Dieu. La science du Kriya Yoga est expliquée dans le livre *Autobiographie d'un Yogi* de Paramahansa Yogananda. Voir glossaire.

l'affirmation que l'on ne fait qu'un avec Dieu. Ceci est la panacée de toute difficulté, douleur, ou deuil, la voie de la libération de tout karma individuel ou collectif [1].

AFFIRMATIONS

Je sais que le pouvoir de Dieu est sans limites ; et puisque je suis fait à Son image, j'ai, moi aussi, la force de surmonter tous les obstacles.

❖ ❖ ❖

Père bien-aimé, quelles que soient les situations à affronter, je sais qu'elles représentent la prochaine étape de mon évolution. J'accueillerai volontiers toutes les épreuves, car je sais qu'en moi existent la faculté de les comprendre et le pouvoir de les surmonter.

---

[1] L'accumulation des actions humaines au sein des communautés, des nations et du monde entier constitue le karma collectif qui entraîne des conséquences à un niveau local ou à une plus grande échelle, selon l'intensité et la prépondérance du bien ou du mal. Ainsi, les pensées et les actions de chaque individu contribuent au bonheur ou au malheur de ce monde et de tous ses habitants.

CHAPITRE 3

Transcender la souffrance

J'ai sans cesse demandé à mon Père Céleste pourquoi les êtres humains, faits à Son image, devaient passer par l'épreuve de la souffrance pour revenir à Lui. J'ai dit au Père Céleste que la souffrance représentait une contrainte et qu'il vaudrait mieux recourir à la persuasion et à l'amour pour ramener les êtres humains au paradis. Bien que je connaisse Sa réponse, j'ai toujours débattu cette question avec Dieu, car Il me comprend comme un père comprend son fils.

❖ ❖ ❖

Que ce monde est tragique ! C'est un lieu rempli d'incertitudes. Mais peu importe ce qui vous est arrivé, si vous vous jetez aux pieds du Père pour implorer Sa grâce, Il vous relèvera et vous montrera que la vie n'est qu'un rêve [1].

❖ ❖ ❖

Je vais vous raconter une petite histoire. Un roi s'endormit et rêva qu'il était pauvre. Dans son sommeil il suppliait qu'on lui donnât quelques centimes pour acheter de quoi manger. La reine finit par le réveiller et lui dit : « Que vous arrive-t-il ? Votre coffre est plein d'or et vous réclamez à cor et à cri quelques centimes ! »

Le roi dit alors : « Oh, quelle absurdité ! Je me prenais pour un mendiant affamé, faute de quelques pièces de monnaie ! »

[1] Voir *maya* dans le glossaire.

Telle est l'illusion de toute âme qui rêve qu'elle est un être mortel, en proie aux tourments effroyables de la maladie, de la souffrance, des épreuves et du chagrin. La seule façon d'échapper à ce cauchemar est de s'attacher davantage à Dieu et moins aux mirages de ce monde.

❖ ❖ ❖

La cruauté n'existe pas dans le plan de Dieu car à Ses yeux il n'y a ni bien ni mal, mais uniquement des tableaux d'ombre et de lumière. Le Seigneur espérait que nous pourrions voir les scènes dualistes de la vie comme Il les voit Lui-même, le Témoin toujours joyeux de ce prodigieux drame cosmique.

L'homme s'est identifié à tort à la pseudo-âme ou ego. Mais quand enfin il s'identifie à sa vraie nature, c'est-à-dire l'âme immortelle, il découvre que la douleur est irréelle et il ne peut même plus concevoir l'état de souffrance.

❖ ❖ ❖

La superconscience humaine est de nature divine et donc à l'épreuve de la douleur. Toutes les souffrances physiques et mentales découlent de l'identification à l'ego, de l'imagination ou d'habitudes de pensée erronées.

❖ ❖ ❖

Redoublez de courage. Déployez une force mentale telle que vous puissiez demeurer impassible, quoi qu'il arrive, et affronter bravement toutes les situations qui se présentent à vous. Si vous aimez Dieu, vous devez avoir confiance et être prêt à endurer toute épreuve. Ne craignez pas la souffrance. Gardez un état d'esprit positif et fort. Le plus important est votre réalité intérieure.

❖ ❖ ❖

Par l'imagination vous intensifiez votre souffrance. Le fait de vous inquiéter ou de vous apitoyer sur vous-même n'arrange rien, mais aggrave plutôt votre douleur. Par exemple, lorsqu'une personne vous a fait du tort, vous ressassez la situation, de même vos amis en parlent et compatissent. Plus vous y pensez, plus vous êtes affligé *et* plus vous souffrez.

❖ ❖ ❖

Certaines personnes évoquent constamment toutes les souffrances par lesquelles elles sont passées et repensent à la douleur intense d'une opération subie il y a vingt ans ! Elles revivent sans cesse les sensations perçues alors. Pourquoi répéter de telles expériences ?

❖ ❖ ❖

La meilleure façon de vous dissocier des difficultés est de vous en détacher mentalement, comme si vous étiez un simple spectateur, tout en cherchant en même temps un remède [1].

❖ ❖ ❖

Il est de fait que si vous appreniez à vivre sans vous identifier à votre corps, vous ne souffririez pas autant. La relation entre vous et la douleur physique n'est que mentale. Lorsque vous êtes endormi et que vous

---

[1] Il est recommandé aux personnes souffrant de problèmes de santé sérieux ou persistants (douleurs ou autres symptômes) de suivre les conseils d'un médecin.

n'avez plus conscience de votre corps, vous n'éprouvez aucune douleur. Sous anesthésie, lorsqu'un chirurgien ou un dentiste vous opère, vous ne ressentez rien. L'esprit est alors « débranché » des sensations.

❖ ❖ ❖

Occupez-vous du corps tout en le transcendant. Sachez que vous êtes distinct de sa forme mortelle. Érigez une barrière mentale entre le corps et l'esprit. Affirmez : « Je suis distinct du corps. Ni le froid, ni la chaleur, ni la maladie ne peuvent me toucher. Je suis libre. » Vous vous imposerez ainsi moins de limitations.

❖ ❖ ❖

Le pouvoir mental constitue le meilleur analgésique. Si l'esprit refuse d'accepter la douleur, celle-ci s'en trouvera grandement diminuée. Il est arrivé à ce corps d'être blessé et d'éprouver de très grandes souffrances et j'ai constaté alors que si je concentrais mon esprit sur le Centre christique [1] – à savoir si je m'identifiais davantage à Dieu et moins au corps – la douleur n'existait plus. Lorsqu'une douleur survient, concentrez-vous de même sur le Centre christique. Détachez-vous mentalement de la douleur ; développez la force de votre esprit. Faites preuve de résistance intérieure. Quand vous souffrez, dites-vous : « Cela ne me fait pas mal. » En présence de la douleur, reconnaissez-la comme quelque chose dont il faut s'occuper,

---

[1] Siège de l'œil unique de la conscience divine et de la perception spirituelle, situé entre les sourcils, que Jésus évoquait en disant : « Si ton œil est unique, tout ton corps sera éclairé. » (Matthieu 6 : 22.) Les saints en communion divine sont souvent représentés les yeux tournés vers ce centre. Voir glossaire.

mais n'en souffrez pas. Plus vous vous concentrerez sur le pouvoir de l'esprit, plus la conscience du corps s'atténuera.

❖ ❖ ❖

« La douleur et le plaisir sont transitoires [disait Sri Yukteswar [1] à ses disciples]. Supportez cette dualité avec calme tout en essayant de vous soustraire à son emprise. »

❖ ❖ ❖

En présence de situations négatives, pratiquez l'« opposition » : pensez et agissez de façon positive et constructive. Pratiquez le *titiksha* [2], ce qui signifie ne pas céder aux expériences désagréables, mais leur résister sans en être affecté intérieurement. Quand vous tombez malade, suivez les principes d'hygiène de vie sans permettre à votre esprit de s'inquiéter. Restez calme dans tout ce que vous faites.

❖ ❖ ❖

Dans cette vie, que la souffrance vous soit impartie ou que la richesse et le pouvoir vous sourient, votre conscience doit rester imperturbable. Si vous parvenez à cette sérénité, rien ne pourra jamais vous blesser. La vie de tous les grands maîtres démontre qu'ils sont parvenus à cet état de félicité.

❖ ❖ ❖

[1] Swami Sri Yukteswar (1855-1936) était le guru [précepteur spirituel] de Paramahansa Yogananda. Sa vie est décrite dans l'ouvrage de ce dernier, intitulé *Autobiographie d'un Yogi*. Voir glossaire.
[2] Sanskrit : « Endurer avec sérénité. »

La méditation est le moyen par lequel vous devez vous efforcer de transcender l'illusion et de reconnaître votre vraie nature. Si vous pouvez maintenir cet état de conscience dans vos activités comme dans la méditation, sans vous laisser troubler par les expériences illusoires, vous vous situerez au-delà de ce monde de rêve créé par Dieu. Le rêve se terminera pour vous. C'est pourquoi le Seigneur Krishna [1] insistait sur le fait que, si vous souhaitez atteindre la libération dans l'Esprit, vous devez être d'humeur égale en toutes circonstances : « Seul l'homme calme, d'humeur égale, imperturbable dans la souffrance comme dans le plaisir, est digne de prétendre à l'éternité [2]. »

❖ ❖ ❖

Lorsque les démons de l'inquiétude, de la maladie et de la mort vous poursuivent, votre seul refuge est le temple intérieur du silence. L'homme profondément spirituel vit jour et nuit dans un calme silence intérieur que ni les soucis menaçants ni même le choc brutal des mondes qui s'opposent ne peuvent perturber.

❖ ❖ ❖

Aucune sensation physique ni torture mentale ne peuvent vous affecter si votre esprit s'en dissocie et s'ancre dans la paix et la joie de Dieu.

---

[1] Avatar [incarnation divine] qui vécut en Inde trois millénaires avant l'ère chrétienne. Le discours adressé par le Seigneur Krishna à son disciple, Arjuna, sur le champ de bataille de Kurukshetra constitue le thème de la Bhagavad Gita, Écriture sainte immortelle. Voir Bhagavad Gita et Bhagavan Krishna dans le glossaire.
[2] Bhagavad Gita II : 15.

Le Pouvoir de guérison de Dieu

Il y a deux façons de répondre à nos besoins. L'une est d'ordre matériel : Par exemple, nous pouvons faire appel à un médecin pour traiter un mauvais état de santé. Mais il arrive un moment où personne ne peut plus nous aider. Nous considérons alors l'autre façon et nous nous tournons vers la Puissance spirituelle, le Créateur du corps, de l'esprit et de l'âme. Le pouvoir matériel est limité et quand il échoue, nous nous en remettons au Pouvoir divin illimité. Il en est de même pour nos besoins financiers ; lorsque nous avons fait de notre mieux, mais que nos efforts se révèlent inefficaces, nous nous tournons alors vers cet autre Pouvoir.

❖ ❖ ❖

La connaissance de Dieu est le remède principal à toute maladie – physique, mentale ou spirituelle. Tout comme la lumière dissipe les ténèbres, la lumineuse et parfaite présence de Dieu, en pénétrant dans le corps, chasse l'ombre de la maladie.

❖ ❖ ❖

Le pouvoir illimité de Dieu œuvre derrière toutes les méthodes de guérison, qu'elles soient physiques, mentales ou vitales [1]. Il ne faut jamais oublier ce fait, car si l'on se fie à la *méthode* et non à *Dieu* on entrave et limite automatiquement la libre circulation du pouvoir de guérison.

---

[1] La guérison « vitale » fait allusion à la canalisation de l'énergie cosmique – énergie intelligente et plus subtile que l'énergie atomique – qui est le principe vital universel par lequel Dieu soutient toute la création. Voir *prana* dans le glossaire.

❖ ❖ ❖

Il vous appartient de signaler à Dieu vos besoins et de remplir votre rôle pour L'aider à réaliser vos désirs. En cas de maladie chronique, par exemple, faites de votre mieux pour guérir, tout en gardant à l'esprit qu'en dernière analyse, seul Dieu peut vous aider.

❖ ❖ ❖

De la ferme conviction que l'homme, à titre d'enfant de Dieu, ne peut être touché par la maladie jaillit une source intarissable de protection.

❖ ❖ ❖

Faites de votre mieux pour éliminer les causes de la maladie et n'ayez absolument aucune crainte. Il y a tellement de microbes partout que si vous commenciez à les craindre, vous ne pourriez plus apprécier la vie... N'ayez pas peur.

❖ ❖ ❖

Continuez à sourire intérieurement, vibrez d'une joie profonde et soyez toujours prêt à agir avec l'ambition spirituelle d'aider les autres. Non seulement cette attitude est un bon exercice pour l'esprit, mais elle assure le renouvellement constant de l'énergie cosmique qui alimente le corps.

❖ ❖ ❖

Celui qui trouve la joie au plus profond de son âme découvre que le corps est chargé d'un courant électrique, d'une énergie vitale, provenant non pas des aliments, mais de Dieu. Si vous vous sentez incapable de sourire, placez-vous devant un miroir et avec les doigts tirez vers le haut les commissures des lèvres afin de former un sourire. C'est d'une importance capitale !

Lorsqu'une personne éprouve de la joie, elle attire l'aide du pouvoir inépuisable de Dieu. Je parle d'une joie sincère et non de celle qui est feinte extérieurement, mais qui ne correspond pas à une joie intérieure. Quand la joie est sincère, on est millionnaire en sourires. Un sourire sincère répartit le courant cosmique, *prana*, dans toutes les cellules du corps. L'homme heureux est moins sujet à la maladie car, en fait, le bonheur procure au corps un apport substantiel d'énergie vitale universelle.

❖ ❖ ❖

L'esprit renferme en lui toutes les chaînes de l'esclavage aussi bien que les clés de la liberté.

❖ ❖ ❖

Le pouvoir de l'esprit humain possède en lui l'infaillible énergie de Dieu. C'est un pouvoir qu'il est souhaitable d'avoir en son corps. En fait, il existe un moyen de s'imprégner de ce pouvoir : c'est de communier avec Dieu par la méditation. Lorsque vous êtes en communion parfaite avec Lui, la guérison est permanente.

Le pouvoir de l'affirmation et de la prière

Il se peut que dans le passé vous ayez été déçu de ne recevoir aucune réponse à vos prières. Mais ne perdez pas la foi... Dieu n'est pas un Être muet et insensible.

Il est l'amour même. Si vous savez comment méditer pour entrer en contact avec Lui, Il répondra aux demandes de votre cœur.

❖ ❖ ❖

Savoir exactement quand et comment prier, selon la nature de nos besoins, produit les résultats souhaités. Suivre la bonne méthode met en œuvre les lois appropriées de Dieu, lois qui produiront des résultats de façon scientifique.

❖ ❖ ❖

La première règle à observer lorsque nous prions est de n'aborder Dieu qu'avec des désirs légitimes. La seconde est de prier pour leur réalisation, non pas en tant que mendiant, mais en tant que fils de Dieu : « Je suis Ton enfant. Tu es mon Père. Toi et moi ne faisons qu'Un. » Si vous priez profondément et avec persistance, une immense joie jaillira de votre cœur. Ne soyez satisfait que lorsque vous ressentirez cette joie incomparable dans le cœur, car alors vous saurez que Dieu a capté votre prière. Priez votre Père en ces termes : « Seigneur, voilà ce dont j'ai besoin et je suis disposé à faire pour cela tout ce qu'il faut ; guide-moi, inspire mes pensées et mes actions pour que je réussisse. Je raisonnerai et agirai avec détermination, mais je m'en remets à Toi pour guider ma raison, ma volonté et mes actions vers ce qu'il est juste que j'accomplisse en toute chose. »

❖ ❖ ❖

Priez Dieu en toute intimité, en tant que Son enfant. Dieu ne s'oppose pas à ce que votre prière surgisse de l'ego et que vous priiez comme un étranger ou un mendiant, mais vous constaterez combien vos efforts sont limités si vous restez dans cet état de conscience. Dieu, cependant, ne veut pas vous faire renoncer à votre propre volonté qui, en votre qualité d'Enfant divin, est un droit acquis de naissance.

❖ ❖ ❖

Toute requête incessante [1], murmurée mentalement avec un zèle, un courage et une foi inébranlables, se transforme en un pouvoir dynamique capable d'influencer tout le comportement des facultés conscientes, subconscientes et superconscientes de l'homme, à tel point que l'objet de ses désirs se réalise. Votre prière doit être murmurée mentalement, de façon soutenue et imperturbable, quels que soient les échecs essuyés. C'est alors que l'objet désiré se matérialise.

Technique de l'affirmation

Le pouvoir infini du son dérive de la Parole créatrice, *Aum* [2], puissance vibratoire cosmique sur laquelle reposent toutes les énergies atomiques. Toute parole née d'une conception claire et d'une concentration profonde a le pouvoir de se matérialiser.

❖ ❖ ❖

[1] Paramahansa Yogananda disait : « La prière implique souvent la conscience de mendicité. Mais nous sommes les enfants de Dieu et non pas des mendiants ; à ce titre, l'héritage divin nous est dévolu. Après avoir établi une relation d'amour entre notre âme et Dieu, nous avons le droit d'*exiger* affectueusement que nos prières légitimes soient exaucées. » Le fait de réclamer ainsi à Dieu notre droit acquis de naissance est le principe qui anime le pouvoir de toute affirmation.

[2] L'Amen suprême ou « Parole de Dieu ». Voir *Aum* dans le glossaire.

Les paroles imprégnées de sincérité, de conviction, de foi et d'intuition, sont comme des bombes vibratoires, hautement explosives, qui, une fois déclenchées, pulvérisent les écueils des difficultés et créent le changement désiré.

❖ ❖ ❖

Les habitudes de pensée subconscientes relatives à la maladie ou à la santé exercent une forte influence. Les maladies mentales ou physiques tenaces sont toujours profondément enracinées dans le subconscient. On peut guérir le mal en arrachant ses racines cachées. C'est pourquoi toute affirmation effectuée au niveau du conscient doit être pratiquée avec une force suffisante pour être capable d'imprimer de sa vérité l'esprit subconscient, qui à son tour influencera automatiquement l'esprit conscient. De puissantes affirmations conscientes agissent ainsi sur le corps et sur l'esprit par l'intermédiaire du subconscient. Des affirmations encore plus puissantes atteignent non seulement le subconscient, mais aussi l'esprit superconscient – réservoir magique de pouvoirs miraculeux.

❖ ❖ ❖

La patience et la répétition, attentive et intelligente, font des merveilles. Les affirmations visant à guérir les problèmes mentaux ou physiques chroniques doivent être répétées fréquemment [1], avec concentration et

---

[1] Nous présentons dans ce livre, à l'issue de chaque chapitre, des affirmations destinées à un but en particulier. Dans *Scientific Healing Affirmations*, *Metaphysical Meditations* et dans les *Leçons de la Self-Realization*, Paramahansa Yogananda nous propose des centaines d'autres affirmations pour la guérison, le perfectionnement de soi et l'approfondissement de notre prise de conscience du Divin.

assiduité (sans accorder d'importance aux états éventuellement inchangés ou indésirables) jusqu'à ce que ces affirmations fassent partie intégrante des convictions profondes et intuitives de l'âme.

❖ ❖ ❖

Choisissez une affirmation et répétez-la en entier, d'abord à voix haute, ensuite à mi-voix, puis à voix basse et lentement jusqu'à ce que votre voix ne soit plus qu'un murmure. Puis progressivement, répétez l'affirmation mentalement, sans bouger la langue ni les lèvres, jusqu'à atteindre un état de concentration profonde et constante, non pas un état d'inconscience, mais de continuité absolue de la pensée.

Si vous continuez à répéter cette affirmation mentale à un niveau encore plus profond, vous serez envahi d'une paix et d'une joie croissantes. Dans cet état de concentration totale, votre affirmation rejoint le flot du subconscient d'où elle resurgira ultérieurement avec un pouvoir décuplé pour venir influencer l'esprit conscient, en vertu de la loi de l'habitude.

Tandis que vous expérimentez une paix croissante, votre affirmation peut alors pénétrer encore plus profondément dans le royaume du superconscient, pour reparaître plus tard, chargée d'un pouvoir sans limites, capable d'influencer l'esprit conscient et de combler vos désirs. Dissipez tous vos doutes et vous serez le témoin du miracle de cette foi scientifique.

❖ ❖ ❖

Celui qui répète distraitement une prière ou une affirmation, sans dévotion ni amour spontané, n'est qu'un simple « phonographe priant » ignorant la signification de sa prière. Si vous ressassez verbalement vos prières de façon mécanique, tout en pensant à autre chose, vous n'attirerez pas la réponse de Dieu. Une répétition machinale, où l'on invoque le nom de Dieu en vain, est inefficace. Par contre, la répétition constante d'une prière mentale ou orale adressée à Dieu, faite avec une attention et une dévotion toujours plus profondes, spiritualise votre demande et se transforme en expérience superconsciente.

❖ ❖ ❖

Méditez sur la signification de la demande que vous avez choisi d'adresser à Dieu, jusqu'à ce qu'elle fasse partie de vous-même. Saturez votre demande de ferveur pendant que vous méditez sur elle. À mesure que votre méditation s'approfondit, redoublez de dévotion et offrez mentalement votre prière comme un élan venant du cœur. Soyez rempli de la conviction que Dieu est sensible à l'appel ardent de votre cœur, s'exprimant à travers cette demande particulière.

Ressentez que, derrière votre prière pleine de dévotion, Dieu écoute les paroles silencieuses de votre âme. Ressentez-le ! Ne faites qu'un avec la requête de votre cœur et soyez absolument convaincu qu'Il vous écoute. Puis vaquez à vos occupations, sans chercher à savoir s'Il accédera à votre demande. Croyez sans l'ombre d'un doute que votre prière a été entendue et vous découvrirez que ce qui est à Dieu vous appartient aussi. Méditez sans relâche sur Dieu et quand vous ressentirez Sa présence, vous entrerez en possession de l'héritage qui vous est dévolu par filiation divine.

❖ ❖ ❖

« Le Seigneur répond à tous et œuvre pour tous, [disait Sri Yukteswar]. Les hommes réalisent rarement combien de fois Dieu tient compte de leurs prières. Il n'écoute pas uniquement quelques-uns, mais tous ceux qui L'abordent avec confiance. Ses enfants doivent toujours avoir une confiance aveugle dans la tendre bienveillance de leur Père omniprésent. »

❖ ❖ ❖

Il faut cultiver la foi, ou plutôt la découvrir en son for intérieur. Car elle est là, mais il faut la révéler. Si vous examinez de près votre vie, vous y verrez les innombrables signes de l'intervention divine et ainsi votre foi se renforcera. Peu de gens cherchent à percevoir la main de Dieu qui se cache derrière leur existence. La plupart considèrent le cours des événements comme naturel et inévitable. Ils ne se doutent pas des changements radicaux qui sont possibles grâce à la prière !

Cultiver la foi en Dieu

Une foi aveugle et inébranlable en Dieu est la meilleure méthode de guérison instantanée. L'effort constant pour éveiller une telle foi constitue le devoir suprême et le plus gratifiant de l'homme.

❖ ❖ ❖

Croire en Dieu et avoir foi en Dieu sont deux choses différentes. Une croyance n'a de valeur que si on la met à l'épreuve et à l'œuvre dans sa vie. La croyance convertie en expérience se traduit par la foi.

❖ ❖ ❖

Vous pouvez désirer croire, ou peut-être pensez-vous croire. Mais si vous croyez vraiment, le résultat est instantané.

❖ ❖ ❖

On ne peut contredire la foi – conviction intuitive de la vérité – ni l'ébranler, même avec des faits contradictoires... Vous ne réalisez pas l'action merveilleuse de cette grande puissance. Elle opère avec une précision mathématique. Avec elle, il n'y a pas de « si » ! La Bible définit la foi comme étant la *preuve* de choses qu'on ne voit pas [1].

❖ ❖ ❖

Croyez toujours sans l'ombre d'un doute que le pouvoir de Dieu œuvre en vous, juste derrière vos pensées, vos prières et vos convictions, afin de vous insuffler une force infinie... Reconnaissez qu'en toute chose Il agit en vous, et vous serez constamment en Sa présence.

❖ ❖ ❖

On peut invoquer le Pouvoir suprême avec une foi persistante et des prières incessantes. Alimentez-vous correctement et prenez toutes les autres mesures d'hygiène nécessaires au corps, mais priez Dieu continuellement de la sorte : « Seigneur, Tu as le pouvoir de me guérir, car c'est Toi qui contrôles les atomes de vie et les états subtils du corps que les médecins ne peuvent atteindre par des remèdes. »

❖ ❖ ❖

[1] « La foi est une ferme assurance des choses qu'on espère, une démonstration de celles qu'on ne voit pas. » (Hébreux 11 : 1.)

D'une voix résonnant de joie [Lahiri Mahasaya [1] dit] :
« N'oubliez jamais que l'omnipotent Paramatman [2]
peut guérir n'importe qui, avec ou sans médecin. »

❖ ❖ ❖

Ce monde appartient à Dieu. C'est Lui qui vous
prend ou qui vous laisse ici-bas. Quand le médecin
déclare : « Bon, je vais vous guérir », si Dieu décide
de vous prendre, vous partirez. Vivez donc votre vie
pour Lui.

❖ ❖ ❖

Une personne malade doit faire de sérieux efforts
pour se libérer de sa maladie. Puis, même si les médecins déclarent qu'il n'y a plus d'espoir, elle doit rester
calme car la peur rend notre foi aveugle à la Présence
divine toute puissante et pleine de compassion. Au
lieu de se laisser aller à l'anxiété, elle doit affirmer :
« Je suis pour toujours en sécurité dans la forteresse
de Ton affectueuse bienveillance. » Un disciple cou-
rageux, en train de mourir d'une maladie incurable,
se concentre sur le Seigneur et se prépare ainsi à se
libérer de la prison corporelle pour atteindre une vie
glorieuse après la mort, dans le monde astral. Cela
étant, dans sa prochaine vie, il se rapprochera du but
de la libération suprême... Chacun doit réaliser que la
conscience de l'âme est capable de triompher de toute
tragédie extérieure.

❖ ❖ ❖

[1] Guru du guru de Paramahansa Yogananda. Voir dans le glossaire.
[2] En sanskrit, « Esprit suprême ».

Même la mort n'est rien pour ceux qui font preuve de force spirituelle. J'ai rêvé une fois que j'étais en train de mourir. Je priai Dieu néanmoins en ces termes : « Seigneur, tout est pour le mieux, quelle que soit Ta volonté. » C'est alors qu'Il me toucha, et je pris conscience de cette vérité : « Comment est-il possible que je meure ? La vague ne peut mourir ; elle se retire dans l'océan pour revenir déferler. La vague ne meurt jamais et moi non plus, je ne peux jamais mourir. »

❖ ❖ ❖

[Pendant une période de grandes épreuves, Paramahansa Yogananda se retira dans le désert pour y trouver la solitude et la prière. Une nuit, alors qu'il méditait profondément, il reçut cette belle réponse de Dieu :]

« La danse de la vie ou la danse de la mort,
Sache qu'elles viennent de Moi et réjouis-toi.
Que veux-tu de plus que de M'avoir, Moi ? »

❖ ❖ ❖

[La vie exemplaire des âmes saintes est une source intarissable de force et d'inspiration pour les autres. L'attitude juste à observer face à la souffrance a trouvé sa plus parfaite expression dans la vie de Sri Gyanamata (1869-1951) [1]*, une des disciples les plus avancées de Paramahansa Yogananda. Tous ceux qui l'ont connue ont été inspirés par son calme héroïsme, sa force intérieure et son amour de Dieu inaltérables*

[1] Gyanamata signifie « Mère de Sagesse ». Ses conseils et encouragements avisés et pleins d'amour sont merveilleusement exprimés dans *God Alone*, récit de sa vie et recueil de ses lettres, publié par la Self-Realization Fellowship.

malgré la grande souffrance physique qu'elle endura au cours des deux dernières décennies de sa vie. À sa mort, Paramahansa Yogananda lui rendit hommage en ces termes :]

La vie de notre Sœur fut comme celle de saint François qui aidait les autres alors même qu'il devait surmonter de grandes souffrances. Ainsi, Gyanamata est pour nous d'une grande inspiration. Pendant toutes ses années de souffrance, elle démontra que son amour pour Dieu était le plus fort ; je n'ai jamais vu aucune trace de cette souffrance dans ses yeux. Voilà pourquoi elle est une grande sainte – une grande âme – et voilà pourquoi elle est avec Dieu...

Quand j'ai regardé son corps dans le cercueil, j'ai senti l'âme de notre Sœur se mêler à l'éther omniprésent et j'ai entendu la voix du Père au fond de mon âme qui me disait : « Vingt années de souffrance n'ont jamais enlevé son amour pour Moi, c'est ce que J'apprécie dans sa vie. » Je n'avais rien de plus à ajouter. Je compris que le Père Céleste a le droit d'utiliser la souffrance pour tester notre amour pour Lui, même pendant vingt ans ou plus, afin de nous permettre de réclamer en échange le bonheur éternel perdu, ce bonheur sans cesse renouvelé à Son image.

Je ressentis alors de nouveau avec une vive émotion la présence de Dieu et je me dis : « Retrouver une joie toujours renouvelée pour l'éternité en passant vingt années sereines face à la souffrance, c'est là un accomplissement suprême, par la grâce du Père. »

❖ ❖ ❖

Si vous vivez avec le Seigneur, vous serez guéri de l'illusion de la vie et de la mort, de la santé et de la maladie. Soyez en Dieu. Ressentez Son amour. Ne craignez rien. Seule la forteresse de la présence de Dieu peut nous protéger. Il n'y a pas de havre de joie plus sûr qu'en Sa présence. Quand vous êtes avec Lui, rien ne peut vous toucher.

AFFIRMATIONS DE GUÉRISON

La santé parfaite de Dieu imprègne les recoins sombres de mon corps en proie à la maladie. Sa lumière qui guérit brille dans toutes les cellules de mon corps. Mes cellules sont entièrement saines car elles renferment Sa perfection.

❖ ❖ ❖

Le pouvoir de guérison de l'Esprit divin s'écoule dans toutes les cellules de mon corps. Je suis fait de l'unique et universelle substance divine.

❖ ❖ ❖

Ta lumière parfaite est omniprésente dans toutes les parties de mon corps. Partout où se manifeste cette lumière de guérison, il y a perfection. Je suis en bonne santé car la perfection est en moi.

❖ ❖ ❖

Je suis l'Immuable. Je suis l'Infini. Je ne suis pas un petit être mortel avec des os fragiles et un corps éphémère. Je suis l'Infini éternel et immuable.

❖ ❖ ❖

Ô Mère Divine, que je flotte à la surface dans cette vie ou que je sombre sous les vagues dans la mort, je suis toujours en sécurité dans Tes bras immortels.

CHAPITRE 4

Trouver la sécurité dans un monde incertain

Les cataclysmes qui se produisent soudainement dans la nature, entraînant de grands dégâts et des milliers de blessés, ne sont pas le « fait de Dieu ». De tels désastres résultent des pensées et des actions humaines. Chaque fois que, dans le monde, l'équilibre vibratoire entre le bien et le mal est compromis par l'accumulation de vibrations nuisibles, résultant des pensées et des actions erronées de l'homme, vous verrez des catastrophes survenir [1]...

Les guerres ne sont pas causées par une quelconque fatalité divine, mais par l'égoïsme et le matérialisme généralisés. Bannissez l'égoïsme – individuel, économique, politique, national – et vous n'aurez plus de guerres.

❖ ❖ ❖

Les conditions chaotiques de notre époque, qui se manifestent à l'échelle mondiale, découlent des mœurs athées de l'humanité. Les individus et les nations peuvent se préserver de la destruction totale en vivant selon les idéaux spirituels de fraternité, de coopération économique et d'échanges internationaux de biens et d'expériences.

❖ ❖ ❖

Je crois qu'un jour viendra où, en vivant dans une

[1] Voir note page 20.

plus grande harmonie, nous éliminerons toutes les frontières. Nous appellerons la terre notre pays et, par voie de justice et d'accords internationaux, nous distribuerons généreusement les biens de ce monde en fonction des besoins de chacun. Mais on ne peut instaurer l'égalité par la force ; elle doit venir du cœur... Nous devons commencer, dès maintenant, par nous-mêmes. Nous devons nous efforcer d'imiter les êtres divins qui reviennent inlassablement sur terre pour nous montrer le chemin. Si, à leur exemple et comme ils nous l'ont enseigné, nous possédons une claire vision des choses et pratiquons l'amour du prochain, la paix pourra régner sur la terre.

❖ ❖ ❖

Vous pensez peut-être qu'il est sans espoir d'essayer de vaincre la haine en incitant l'humanité à suivre la voie de l'amour à l'image du Christ ; mais le besoin ne s'en est jamais fait plus pressant que maintenant. Les idéologies athées s'acharnent à évincer la religion. Notre monde entre dans une période tourmentée de son existence. Dans nos efforts pour calmer les tempêtes déchaînées, nous avons l'impression de n'être rien de plus que d'infimes fourmis nageant dans l'océan. Mais ne sous-estimez pas votre pouvoir.

❖ ❖ ❖

La seule chose qui contribue à éliminer la souffrance en ce monde – plus que l'argent, un toit, ou tout autre aide matérielle – est de méditer et de transmettre ensuite à notre prochain la sublime conscience de la présence de Dieu dont nous avons fait l'expérience. Pas même un millier de dictateurs ne parviendraient à détruire ce que je possède en moi. Chaque jour irradiez de cette conscience divine vers les autres. Essayez de comprendre que le plan de Dieu pour l'humanité est de rappeler à Lui toutes les âmes et œuvrez par conséquent en harmonie avec Sa volonté.

❖ ❖ ❖

Dieu est amour et Son plan pour la création ne peut être fondé que sur l'amour. Cette simple pensée, plus que toute savante argumentation, n'est-elle pas de nature à consoler notre cœur humain ? Tous les saints qui ont pénétré le cœur de la Réalité témoignent de l'existence d'un plan divin universel, resplendissant de joie et de beauté.

❖ ❖ ❖

Dès que nous apprendrons, par la méditation, à aimer Dieu, nous parviendrons à aimer toute l'humanité comme notre propre famille. Ceux, et seulement ceux, qui ont trouvé Dieu par leur propre réalisation du Soi – ceux qui ont réellement fait l'expérience de Dieu – *peuvent* aimer les autres hommes ; non pas d'une façon impersonnelle, mais comme leurs frères de sang, tels les enfants d'un seul et même Père.

❖ ❖ ❖

Prenez conscience que le même sang vital circule dans les veines de toutes les races. Comment peut-on oser haïr son prochain, quelle qu'en soit la race, alors que Dieu vit et respire en chacun de nous ? Nous sommes de nationalité américaine, hindoue ou autre pendant quelques années seulement, mais nous sommes les enfants de Dieu pour toujours. L'âme ne peut être enfermée à l'intérieur de frontières créées par l'homme car sa nationalité est l'Esprit divin et son pays l'Omniprésence.

❖ ❖ ❖

Si vous contactez Dieu en vous-même, vous saurez qu'Il est en chacun d'entre nous, qu'Il est devenu les enfants de toutes les races. Vous ne pourrez plus alors être l'ennemi de personne. Si le monde entier pouvait aimer de cet amour universel, les hommes n'auraient plus besoin de s'armer les uns contre les autres. À l'image du Christ, nous devons par notre propre exemple créer l'unité entre toutes les religions, toutes les nations et toutes les races.

❖ ❖ ❖

Une compassion sans limites et un discernement intuitif, nécessaires à la guérison des plaies terrestres, ne peuvent découler de simples considérations intellectuelles sur la grande diversité humaine, mais de la prise de conscience de l'unité fondamentale existant entre les hommes grâce à leur filiation divine. En vue de la réalisation de cet idéal humain suprême qu'est la paix par la fraternité, puisse le Yoga, science de la communion personnelle avec le Divin, s'étendre un jour à tous les hommes et à tous les pays.

❖ ❖ ❖

La marche funeste des événements politiques mondiaux révèle inexorablement que, sans vision spirituelle, les peuples périssent. La science, si ce n'est la religion, a fait prendre conscience à l'humanité du manque de sécurité, voire du manque de substance, des valeurs matérielles. Vers quoi l'homme peut-il maintenant se tourner sinon vers sa Source, son Origine, l'Esprit divin qui est en lui ?

❖ ❖ ❖

L'âge atomique verra l'esprit humain s'assagir et s'épanouir, grâce à la reconnaissance de cette vérité par la science : la matière est en réalité une concentration d'énergie. L'esprit humain peut et doit dégager des énergies supérieures à celles qui sont présentes dans les minéraux et les métaux, de crainte que le géant atomique que l'on vient de libérer ne se retourne contre le monde dans une destruction aveugle. L'inquiétude que manifeste l'humanité à l'égard de la bombe atomique peut aussi représenter indirectement un avantage : celui de créer un intérêt accru pour le Yoga, science nous offrant un « véritable abri blindé ».

❖ ❖ ❖

Ce monde sera toujours en proie à l'agitation et aux difficultés. Alors pourquoi vous inquiéter ? Réfugiez-vous en Dieu, en qui les Maîtres ont trouvé un abri d'où ils observent et aident le monde. Vous jouirez ainsi d'une sécurité éternelle que vous pourrez partager avec tous les êtres chers qui vous ont été confiés par notre Seigneur, notre Père.

❖ ❖ ❖

Le bonheur véritable, le bonheur durable, n'existe qu'en Dieu, « le Trésor auprès duquel tous les trésors perdent leur valeur [1] ». En Lui réside l'unique sécurité,

[1] Paraphrase de la Bhagavad Gita VI : 22.

l'unique refuge, l'unique libération de toute peur. Le monde ne peut vous offrir d'autre sécurité ni d'autre liberté. En Dieu réside la seule liberté véritable. Faites donc un effort sincère pour Le contacter dans la méditation, matin et soir et tout au long de la journée, dans tous vos devoirs et toutes vos tâches. Le Yoga nous enseigne qu'en présence de Dieu, il n'existe ni peur ni chagrin. Le yogi [1] accompli n'est pas ébranlé par le fracas des mondes qui s'entrechoquent, car il se sent en sécurité, fort de la réalisation : « Seigneur, où que je sois, Tu viendras. »

❖ ❖ ❖

Ne vous attachez pas aux rêves éphémères de la vie. Vivez pour Dieu et pour Dieu seul. C'est la voie unique pour atteindre la liberté et la sécurité ici-bas. En dehors de Dieu, il n'y a pas de sécurité, où que vous alliez vous pouvez être la proie de l'illusion. Libérez-vous sans plus tarder. Assumez désormais votre filiation divine ; réalisez que vous êtes Son enfant et débarrassez-vous à jamais de ce rêve illusoire [2]. Méditez profondément et fidèlement, et vous vous éveillerez un jour dans une communion extatique avec Dieu ; vous comprendrez alors combien il est insensé que les êtres humains croient souffrir. Vous, moi et eux sommes tous pur Esprit.

❖ ❖ ❖

Ne craignez pas les rêves effrayants de ce monde. Éveillez-vous dans la lumière immortelle de Dieu. Il y eut un moment où la vie devint pour moi comme

[1] Voir dans le glossaire.
[2] Voir *maya* dans le glossaire.

un film terrifiant que je regardais impuissant et qui mettait en scène des tragédies auxquelles j'attachais trop d'importance. Puis un jour, pendant que je méditais, une grande lumière apparut dans ma chambre et la voix de Dieu me dit : « De quoi rêves-tu ? Contemple, sous Ma lumière éternelle, le va-et-vient des nombreux cauchemars de ce monde. Ils ne sont pas réels. » Quelle formidable consolation ! Les cauchemars, même les plus atroces, ne sont que des cauchemars. Les films, agréables ou déplaisants, ne sont que des films. Ne nous laissons pas absorber par les drames tristes et effrayants de la vie. N'est-il pas plus sage de se concentrer sur cette Puissance qui est indestructible et immuable ? Pourquoi s'inquiéter des surprises désagréables qu'apportent les intrigues du film de ce monde ? Nous ne sommes ici-bas que pour peu de temps seulement. Apprenez la leçon offerte par ce drame qu'est la vie et découvrez la liberté.

❖ ❖ ❖

Sous les ombres mêmes de la vie se trouve la merveilleuse lumière de Dieu. L'univers est le vaste temple de Sa présence. Lorsque vous méditez, vous découvrez que toutes les portes s'ouvrent sur Lui. Lorsque vous communiez avec Lui, toutes les catastrophes de ce monde ne peuvent vous enlever la Joie et la Paix divines.

AFFIRMATION

Dans la vie et dans la mort, dans la maladie, la famine, les épidémies ou la pauvreté, puissé-je toujours rester ancré en Toi. Aide-moi à réaliser que je suis l'Esprit immortel, immuable face aux changements de l'enfance, de la jeunesse, de la vieillesse et face aux bouleversements de ce monde.

CHAPITRE 5

La sagesse, clé pour résoudre les problèmes et prendre des décisions importantes

Le monde continuera toujours ainsi avec des hauts et des bas, alors vers quoi pouvons-nous nous tourner pour donner une direction fiable à notre vie ? Certainement pas vers les préjugés provenant de nos habitudes et de l'influence de la famille, de la nation ou du monde qui nous entourent, mais vers la voix de la Vérité qui nous guide intérieurement.

❖ ❖ ❖

La vérité n'est pas une théorie ni un système de spéculations philosophiques. La vérité est le reflet exact de la Réalité. Pour l'homme, la vérité est la connaissance inébranlable de sa vraie nature, du Soi en tant qu'âme.

❖ ❖ ❖

Dans la vie quotidienne, la vérité s'exprime dans la conscience guidée par la sagesse spirituelle, laquelle nous pousse à faire certaines choses, non parce qu'on nous dit de les faire, mais parce qu'elles sont justes.

❖ ❖ ❖

Quand vous êtes en contact direct avec le Créateur de l'univers, vous êtes en contact direct avec toute la sagesse et tout l'entendement.

❖ ❖ ❖

Ce n'est pas le fait d'absorber des connaissances extérieures qui vous donne la sagesse ; c'est la puissance et l'étendue de votre réceptivité intérieure qui déterminent le degré de connaissance véritable que vous pouvez atteindre et la rapidité avec laquelle vous pouvez y parvenir.

❖ ❖ ❖

Lorsqu'un problème se présente, ne vous éternisez pas sur lui, considérez plutôt tous les moyens possibles qui vous permettront de l'éliminer. Si aucune solution ne vous vient à l'esprit, comparez votre problème aux problèmes similaires d'autres personnes et tirez avantage de leurs expériences pour discerner la voie du succès de celle de l'échec. Choisissez les décisions qui vous semblent logiques et pratiques, puis employez-vous à les appliquer. Toute la bibliothèque de l'univers se trouve en vous. Toutes les choses que vous voulez savoir sont déjà en vous. Pour les révéler, entretenez des pensées créatives.

❖ ❖ ❖

Vous vous inquiétez peut-être au sujet de votre enfant, de votre santé ou du remboursement de votre emprunt. N'ayant pu trouver une solution, la situation commence à vous alarmer. Mais que pouvez-vous en tirer si ce n'est de la migraine, de la nervosité ou des troubles cardiaques ? En l'absence d'une analyse claire du problème et de vous-même, vous ne savez pas comment maîtriser vos sentiments ni la situation à laquelle vous devez faire face. Au lieu de perdre du temps à vous inquiéter, examinez de façon positive les solutions susceptibles d'éliminer la cause du problème. Si vous souhaitez supprimer un problème, analysez calmement la situation en notant point par point le pour et le contre, puis déterminez quelles sont les meilleures mesures à prendre pour atteindre votre but.

❖ ❖ ❖

Il y a toujours une solution à vos problèmes. Si vous preniez le temps de réfléchir posément et d'envisager les moyens d'éliminer la cause de votre anxiété, au lieu de vous tourmenter à son sujet, vous deviendriez un maître.

❖ ❖ ❖

Les gens qui réussissent dans la vie consacrent tous beaucoup de temps à la concentration profonde. Ils peuvent plonger dans les profondeurs de leur esprit pour y trouver les perles des solutions adaptées aux problèmes qu'ils rencontrent. Si vous apprenez à détourner votre attention de tous les objets de distraction pour la concentrer à volonté sur un objet précis [1], vous saurez, vous aussi, comment attirer tout ce dont vous avez besoin.

Développer en soi le discernement

Quand votre esprit est calme, de quelle façon merveilleuse, rapide et claire vous êtes capable de percevoir toute chose.

❖ ❖ ❖

[1] Référence aux techniques scientifiques de concentration yoguique enseignées dans les *Leçons de la Self-Realization fellowship*.

Chez une personne calme, la tranquillité se reflète dans les yeux, l'intelligence sur le visage et une bonne réceptivité dans l'esprit. Cette personne agit avec diligence et résolution, sans toutefois tomber sous le joug des désirs impulsifs.

❖ ❖ ❖

Commencez toujours par réfléchir à ce que vous êtes sur le point de faire et aux conséquences que cela représentera pour vous. La liberté ne réside pas dans les actions impulsives car celles-ci sont néfastes et vous enchaînent par leurs effets indésirables. Par contre les actions que votre discernement juge bonnes sont libératrices. Ce genre d'actions inspirées par la sagesse rend l'existence divine.

❖ ❖ ❖

Contrairement aux animaux qui n'agissent que par instinct, l'homme ne doit pas se comporter comme un automate psychologique. Le manque de réflexion est un grave péché envers l'Esprit qui réside en vous, car nous sommes censés être conscients de nos actions. Nous devons réfléchir avant d'agir. Nous devons apprendre à utiliser notre esprit en vue d'évoluer et de réaliser notre unité avec le Créateur. Toute action doit être le fruit d'une pensée préméditée.

❖ ❖ ❖

Un jour, une disciple se méprenait gravement. Elle se lamentait ainsi :

« J'ai toujours cultivé de bonnes habitudes. Il me paraît incroyable d'avoir une telle malchance.

— Vous avez fait l'erreur de dépendre exclusivement

de vos bonnes habitudes au lieu d'exercer constamment votre discernement, lui dit Paramahansa Yogananda. Vos bonnes habitudes s'avèrent utiles dans les situations ordinaires et familières, mais risquent de ne pas suffire en présence d'un nouveau problème. C'est alors que le discernement entre en jeu. En méditant davantage, vous apprendrez à choisir infailliblement la bonne voie, même dans des circonstances extraordinaires.

« L'homme n'est pas un automate ; il ne lui suffit pas d'observer des règles établies et des préceptes moraux rigoureux pour vivre avec sagesse. La grande diversité des problèmes et des événements quotidiens nous donne toute latitude pour développer un bon jugement. »

❖ ❖ ❖

Un bon discernement est l'expression naturelle de la sagesse ; il est aussi en relation étroite avec l'harmonie intérieure, reflet d'un esprit pondéré. Quand l'esprit manque d'harmonie, il n'est pas en paix et, sans paix, il manque à la fois de discernement et de sagesse. La vie est pleine de hauts et de bas. Si vous gardez votre sérénité dans les moments difficiles où un jugement perspicace s'impose, vous triompherez. L'harmonie intérieure est votre plus grand soutien pour porter le fardeau de la vie.

❖ ❖ ❖

La nervosité – ce qui agite et disperse l'esprit – nous empêche de voir les choses telles qu'elles sont et engendre des malentendus. Les émotions et les humeurs négatives troublent aussi notre vision intérieure. Les gens agissent, pour la plupart, non par discernement, mais en fonction de leurs états d'âme.

❖ ❖ ❖

L'entendement est la vision intérieure de votre être, la perception de votre âme, le télescope de votre cœur. L'entendement est l'équilibre entre une intelligence sereine et un cœur pur... Les émotions sont des sentiments déformés qui incitent à mal agir. Et la compréhension éclairée uniquement par l'intellect est insensible et vous conduira de même à faire des erreurs... L'entendement doit être pondéré. S'il est régi à la fois par le cœur et la tête, vous aurez une vision claire de vous-même et des autres.

❖ ❖ ❖

Vous devriez analyser tout ce qui peut porter préjudice à votre compréhension. Lors de chaque décision à prendre ou de chaque démarche à effectuer, interrogez-vous pour déterminer si celle-ci est fondée sur l'entendement ou sur les émotions, ou encore sur quelque autre influence préjudiciable de l'esprit. Tant que vous êtes sous l'empire de la cupidité, de la colère ou des pensées néfastes d'autrui, tant que vous êtes affecté par l'incompréhension des autres, vous ne posséderez pas une claire vision des choses.

❖ ❖ ❖

La raison humaine pourra toujours trouver « du pour ou du contre » dans toute action, que celle-ci soit bonne ou mauvaise, car la raison est fondamentalement déloyale. Le discernement, en revanche, n'est guidé que par un seul critère : l'âme.

❖ ❖ ❖

Imaginez deux hommes se tenant entre la vallée de la vie à droite et la vallée de la mort à gauche. Ils sont tous deux doués de raison, mais l'un prend le chemin de droite et l'autre celui de gauche. Pourquoi ? Parce que le premier a utilisé à bon escient son pouvoir de discernement et que le second a fait un mauvais usage de ce pouvoir en se livrant à de faux raisonnements.

❖ ❖ ❖

Examinez quelles sont les motivations de chacune de vos actions. Le glouton et le yogi doivent manger tous les deux. Mais doit-on considérer le fait de manger comme un péché parce qu'il est souvent associé à la gloutonnerie ? Certainement pas ! Le péché réside dans la pensée, dans le mobile. Tandis que l'homme ordinaire mange pour satisfaire sa gloutonnerie, le yogi mange pour entretenir son corps. Il existe là une grande différence. De même, on exécute un homme pour avoir commis un meurtre, mais on décore d'une médaille celui qui, pour défendre son pays, ôte de nombreuses vies sur le champ de bataille. Là encore, c'est le mobile qui fait toute la différence. Les moralistes prescrivent des règles absolues, mais je vous donne des exemples pour vous montrer comment vivre dans ce monde de relativité en maîtrisant vos sentiments sans pour autant devenir un automate.

❖ ❖ ❖

Le mode de vie scientifique consiste à s'intérioriser et à s'interroger en toute honnêteté sur le bien-fondé de ses actions. Si vous êtes sincère avec vous-même, il est peu probable que vous fassiez des erreurs, et même si vous vous trompez, vous serez capable d'y remédier rapidement.

❖ ❖ ❖

Plongez-vous matin et soir dans le silence d'une profonde méditation, car elle seule permet de discerner la vérité de l'erreur.

❖ ❖ ❖

Apprenez à suivre la voix de la conscience, ce pouvoir de discernement divin qui est inhérent à votre être.

❖ ❖ ❖

Dieu est le murmure dans le temple de votre conscience. Il est la lumière de l'intuition. Lorsque vous vous écartez du droit chemin, vous le savez, tout votre être vous l'indique, et ce sentiment est la voix de Dieu. Si vous ne L'écoutez pas, Dieu se tait. Toutefois, lorsque l'illusion se dissipera et que vous souhaiterez retrouver le droit chemin, Il sera là pour vous guider.

❖ ❖ ❖

En suivant constamment la voix intérieure de la conscience, qui est la voix de Dieu, vous ferez preuve d'une véritable intégrité morale, d'un haut degré de spiritualité, et vous goûterez une paix profonde.

L'intuition : perception de l'âme

L'intuition est la voix de l'âme qui se manifeste naturellement lorsque l'esprit est calme... Le but de la science du yoga est de calmer l'esprit pour qu'il puisse entendre sans déformation le conseil infaillible de la Voix intérieure.

❖ ❖ ❖

« Utilisez la méditation pour résoudre tous vos problèmes [disait Lahiri Mahasaya]. Vivez au diapason de la voix intérieure qui vous guide avec efficacité : la Voix divine possède la réponse à tous les dilemmes de la vie. L'homme déploie une ingéniosité apparemment illimitée pour se créer des problèmes, mais le Secours infini n'a pas moins de ressources. »

❖ ❖ ❖

Dans son désir de nous faire dépendre de Lui seul, Dieu n'entend pas cependant penser pour nous ; Il veut que nous fassions preuve d'initiative. En fait, si vous ne cherchez pas à établir au préalable un contact conscient avec Dieu, vous vous coupez de la Source et vous n'êtes donc pas en mesure de recevoir Son aide. Mais si vous vous en remettez d'abord entièrement à Lui, Il vous guidera et vous révélera vos erreurs pour vous permettre d'évoluer et de changer le cours de votre vie.

❖ ❖ ❖

Il ne faut pas oublier que des milliers de raisonnements ne sauraient remplacer le fait de méditer sur Dieu jusqu'à ressentir un profond calme intérieur. Adressez-vous ensuite au Seigneur en ces termes : « Je ne peux résoudre mon problème tout seul, même en y réfléchissant de mille façons. Mais je peux le résoudre si je le mets entre Tes mains et si je Te demande avant tout de me guider. J'étudierai ensuite sous tous les angles les solutions éventuelles. » Dieu aide ceux qui s'aident eux-mêmes. Quand votre esprit est calme et rempli de foi après avoir prié Dieu dans la méditation, vous savez discerner les diverses réponses à vos problèmes et parce que votre esprit est calme, vous êtes capable de choisir la meilleure solution. Mettez-la en pratique et vous réussirez. C'est ainsi que l'on applique la science de la religion dans sa vie quotidienne.

❖ ❖ ❖

« La vie humaine est remplie de chagrins tant que nous n'apprenons pas à nous aligner sur la Volonté divine, dont la "voie à suivre" est souvent déconcertante pour l'intelligence égoïste [disait Sri Yukteswar]. Seul l'avis de Dieu est infaillible ; qui d'autre que Lui est en charge du Cosmos ? »

❖ ❖ ❖

Quand nous connaîtrons le Père Céleste, nous aurons la réponse non seulement à nos propres problèmes, mais aussi à ceux qui assaillent le monde. Quel est le but de la vie et quel est le but de la mort ? Pourquoi les événements présents et pourquoi ceux du passé ? Je doute qu'un saint vienne un jour sur terre pour répondre à toutes les questions des êtres humains. Mais dans le temple de la méditation, toutes les énigmes de la vie qui troublent nos cœurs seront résolues. En communiant avec Dieu, nous découvrirons les réponses aux puzzles de la vie et trouverons la solution à toutes nos difficultés.

AFFIRMATION

Père Céleste, je raisonnerai, je voudrai, j'agirai, mais guide ma raison, ma volonté et mes actions vers ce qu'il est juste que j'accomplisse en toute chose.

CHAPITRE 6

Atteindre ses buts

Rien n'est impossible à moins que vous ne le pensiez.

❖ ❖ ❖

En tant qu'être mortel, vous êtes limité, mais en tant qu'enfant de Dieu, vous êtes illimité... Fixez votre attention sur Dieu et vous recevrez tout le pouvoir que vous désirez, pour ensuite vous en servir à votre gré.

Utiliser le pouvoir dynamique de la volonté

La volonté est l'instrument de l'image de Dieu en vous. Dans la volonté réside Son pouvoir infini, le pouvoir qui contrôle toutes les forces de la nature. Puisque vous êtes fait à Son image, il vous appartient d'utiliser ce pouvoir pour réaliser vos désirs.

❖ ❖ ❖

Quand vous décidez d'accomplir des actions justes, mobilisez le pouvoir dynamique de votre volonté et vous réussirez. Si vous fournissez en toute circonstance des efforts soutenus, Dieu créera les moyens de récompenser à juste titre votre volonté. C'est la vérité à laquelle Jésus faisait allusion en disant : « Si vous aviez de la foi et que vous ne doutiez point,... quand vous diriez à cette montagne : Ôte-toi de là et jette-toi dans la mer, cela se ferait [1]. » L'utilisation continue de

---

[1] Matthieu 21 : 21.

la volonté – malgré tous les revers rencontrés – engendre le succès, la santé, le pouvoir d'aider les autres et par-dessus tout, la communion avec Dieu.

❖ ❖ ❖

Une fois que vous êtes fermement résolu, ne cédez jamais. Si vous affirmez : « je n'attraperai jamais froid », et que vous vous réveillez le lendemain découragé parce que vous souffrez d'un gros rhume, vous permettez à votre volonté de rester faible. Ne vous découragez pas quand une situation contraire à ce que vous affirmez se présente. Continuez à y croire et sachez qu'il en sera ainsi. Si vous dites : « je veux », mais qu'en même temps vous pensez : « je ne peux pas », vous neutralisez le pouvoir de la pensée et affaiblissez votre volonté.

❖ ❖ ❖

Si vous désirez posséder une maison, mais qu'intérieurement vous pensez : « petit nigaud, tu n'en as pas les moyens », vous devez renforcer votre volonté. Quand toute idée d'impossibilité disparaît de votre esprit, le pouvoir divin s'y installe. Certes, une maison ne vous tombera pas du ciel ; vous devez exercer sans relâche votre force de volonté en agissant de façon constructive. Si vous persistez, en refusant d'accepter l'échec, l'objet de votre volonté se matérialisera infailliblement. Si vous façonnez continuellement cette volonté à l'aide de vos pensées et de vos actions, vos désirs se réaliseront. Même si rien au monde ne semble se conformer à vos aspirations, si vous persistez, les résultats désirés se manifesteront d'une manière ou d'une autre.

❖ ❖ ❖

L'homme mortel a le cerveau rempli de : « je ne peux pas », ou de : « cela m'est impossible ! » Influencé par les traits et les habitudes qui caractérisent la famille dans laquelle il est né, il se croit incapable d'accomplir certaines choses : Il ne peut marcher long-temps, il ne peut manger ceci, il ne peut supporter cela. Ces « je ne peux pas » doivent être cautérisés. Vous avez en vous le pouvoir d'accomplir tout ce que vous désirez ; ce pouvoir réside dans la volonté.

❖ ❖ ❖

Si vous vous accrochez à une pensée avec une for-ce de volonté dynamique, elle finira par revêtir une forme extérieure tangible.

❖ ❖ ❖

Entretenir une pensée avec une force de volonté dynamique signifie s'y accrocher jusqu'à créer un schéma de pensée produisant une force dynamique. Quand la pensée est dynamisée par la force de volonté, elle peut se matérialiser suivant le plan mental que vous avez élaboré.

❖ ❖ ❖

Comment développer la volonté ? Choisissez un but qui vous paraît inaccessible et essayez de toutes vos forces de l'atteindre. Quand vous y êtes parvenu, choisissez-en un autre plus important et continuez à exercer ainsi votre force de volonté. Si vous vous heurtez à de grandes difficultés, priez profondément en ces termes : « Seigneur, donne-moi la force de sur-monter toutes mes difficultés. » Vous devez *utiliser* votre force de volonté, peu importe ce que vous êtes ou qui vous êtes. *Vous devez absolument faire preuve de détermination.* Utilisez cette force de volonté en affaires comme dans la méditation.

❖ ❖ ❖

Si, après avoir réfléchi calmement, vous êtes convaincu du bien fondé de votre projet, personne ne doit pouvoir vous arrêter. Si j'avais besoin de travail, je remuerais ciel et terre jusqu'à ce que l'on dise : « Donnez-lui donc du travail et qu'il reste tranquille ! »

❖ ❖ ❖

Si vous vous êtes persuadé de n'être qu'un simple mortel sans ressources et que vous laissez les autres vous convaincre que vous ne pouvez trouver un emploi, c'est vous-même qui avez décrété que vous ne pouviez vous en sortir. Ce n'est pas le jugement de Dieu ni le destin, mais votre propre sentence qui vous maintient dans la pauvreté et l'inquiétude. C'est dans votre esprit que se détermine le succès ou l'échec. Aussi puissante que soit l'opinion négative du reste de la société, si vous invoquez la volonté de conquérant, que Dieu vous a donnée, pour vous convaincre que vous ne pouvez être abandonné dans la souffrance et les difficultés, vous serez envahi d'un pouvoir secret et divin ; vous constaterez alors que le magnétisme de cette conviction et de ce pouvoir vous ouvrira de nouvelles voies.

Réagir aux échecs de façon constructive

La saison de l'échec est le meilleur moment pour semer les graines du succès. Quand bien même vous seriez meurtri sous le coup des circonstances, gardez la tête haute. Quel que soit le nombre d'échecs que vous ayez essuyés, faites toujours *une nouvelle tentative.* Battez-vous quand vous pensez ne plus en avoir la force ou avoir déjà fait de votre mieux, battez-vous jusqu'à ce que vos efforts soient couronnés de succès.

❖ ❖ ❖

Apprenez à utiliser la psychologie de la victoire. Certains conseillent de « ne pas parler du tout d'échec ». Mais cela ne suffit pas en soi ! Commencez par analyser votre échec et ses causes, tirez profit de l'expérience, puis effacez-en la moindre pensée. Est véritablement victorieux celui qui, même après avoir essuyé plusieurs échecs, refuse intérieurement de se laisser vaincre et continue à faire des efforts.

❖ ❖ ❖

Votre vie peut s'assombrir, les difficultés survenir, les opportunités vous échapper, mais ne vous dites jamais : « Je suis fini, Dieu m'a abandonné. » Qui pourrait aider une telle personne ? Votre famille peut vous abandonner, la bonne fortune vous déserter ; toutes les forces de l'homme et de la nature peuvent se liguer contre vous ; cependant l'initiative, cette qualité divine qui est en vous, peut vous permettre de vaincre n'importe quel coup du sort, créé par vos mauvaises actions passées, et de marcher triomphant vers le paradis.

❖ ❖ ❖

Si vous êtes guidé par la Conscience divine, même si l'avenir semble très sombre, tout s'arrangera finalement pour le mieux. Car quand Dieu vous guide, vous ne pouvez pas échouer.

❖ ❖ ❖

Vous devez bannir de votre esprit l'idée que le Seigneur, doué de Son merveilleux pouvoir, se trouve très loin dans le ciel, tandis que vous n'êtes qu'un petit ver de terre impuissant, enfoui sous les difficultés d'ici-bas. N'oubliez pas que derrière votre volonté humaine se trouve la puissante Volonté divine.

❖ ❖ ❖

Les faux-pas et les erreurs de parcours ne sont que faiblesses passagères. Ne vous croyez pas pour cela totalement perdu. Le sol même sur lequel vous êtes tombé pourra vous servir de support pour vous relever si vous savez tirer des leçons de vos expériences.

❖ ❖ ❖

Si, après avoir reconnu une faute et avoir pris la résolution de ne pas la refaire, vous sombrez de nouveau dans l'erreur, vous tomberez de moins haut que si vous n'aviez jamais essayé de vous corriger.

❖ ❖ ❖

Il ne faut pas non plus s'attendre à toujours réussir. Certaines entreprises peuvent réussir, mais d'autres échoueront. Le succès et l'échec sont en étroite corrélation, l'un ne peut exister sans l'autre... Il ne faut donc pas se gonfler d'orgueil et d'égoïsme si le succès nous sourit, ni être désenchanté ou se décourager en présence d'un échec.

❖ ❖ ❖

Peu importe le nombre d'échecs que vous essuyez, ne relâchez pas vos efforts. Quelles que soient les circonstances, si vous prenez la ferme résolution de « continuer à faire de votre mieux, même si le monde s'écroule », vous invoquez la volonté dynamique et vous réussirez. C'est grâce à cette même volonté dynamique qu'un homme devient riche, un autre fort et un autre un saint.

La concentration : clé du succès

Le manque de concentration est la source majeure de bien des échecs dans la vie. On peut comparer l'attention à un projecteur ; quand son rayon de lumière embrasse une vaste étendue, le pouvoir du projecteur de se concentrer sur un objet en particulier devient faible, mais dirigé vers une seule chose à la fois, il devient puissant. Les grands hommes sont des hommes de concentration. Ils dirigent leur esprit tout entier vers une seule chose à la fois.

❖ ❖ ❖

Il est primordial de connaître la méthode scientifique de concentration [1] permettant de détourner son attention des objets de distraction, et de la canaliser sur un seul objet à la fois. Par sa puissance de concentration, l'homme peut utiliser l'immense pouvoir de

---

[1] Enseignée dans les *Leçons de la Self-Realization Fellowship*.

l'esprit pour réaliser ses désirs et bloquer toutes les portes susceptibles de laisser entrer l'échec.

❖ ❖ ❖

Nombreux sont ceux qui croient devoir agir à la hâte ou lentement. C'est une erreur. Si vous restez calme et que votre concentration est intense, vous accomplirez tous vos devoirs à la vitesse adéquate.

❖ ❖ ❖

Une personne sereine s'identifie totalement par les sens à l'environnement dans lequel elle se trouve. Une personne agitée ne remarque rien, elle se crée donc des problèmes, s'entend mal avec les autres et comprend tout de travers... Ne laissez jamais le centre de votre attention passer du calme à l'agitation. Consacrez à chacune de vos activités une concentration exclusive.

❖ ❖ ❖

Concentrez-vous toujours entièrement sur ce que vous êtes en train de faire – même s'il s'agit d'une tâche mineure ou qui vous semble insignifiante. Apprenez aussi à rester mentalement flexible afin de pouvoir transférer votre attention instantanément. Mais avant tout, accomplissez toutes vos tâches avec une concentration d'esprit totale.

❖ ❖ ❖

La plupart des gens ne se donnent pas entièrement à ce qu'ils font. Ils n'utilisent qu'un dixième de leur attention. C'est pourquoi ils n'ont pas le pouvoir de réussir... Mettez en œuvre votre pouvoir d'attention dans tout ce que vous faites. Ce pouvoir est accessible dans toute sa puissance grâce à la méditation. Si vous utilisez le pouvoir de concentration venant de Dieu, vous pourrez l'appliquer à toute action et réussir.

La créativité

Branchez-vous sur le pouvoir créateur de l'Esprit. Vous serez alors en contact avec l'Intelligence infinie, capable de vous guider et de résoudre tous vos problèmes. De cette Source dynamique, présente dans votre être, s'écoule de façon continue un pouvoir vous permettant de vous exprimer avec créativité dans toute sphère d'activité.

❖ ❖ ❖

Posez-vous la question suivante : « Ai-je jamais essayé d'entreprendre ce que personne d'autre n'a entrepris jusqu'alors ? » C'est le point de départ de la mise en pratique de toute initiative. Si vous n'avez pas poussé le raisonnement aussi loin, vous êtes semblable à des centaines d'autres individus qui pensent à tort ne pas pouvoir agir autrement qu'ils ne le font. Ils sont comme des somnambules ; les suggestions de leur subconscient les ont persuadés qu'ils étaient des êtres aux possibilités très limitées.

Si vous avez traversé la vie dans cet état de somnambulisme, vous devez vous réveiller en affirmant : « Je suis doué d'une des plus grandes qualités humaines : l'initiative. Tout être humain possède en lui cette étincelle lui donnant le pouvoir de créer quelque chose qui n'a jamais été créé avant lui. Je vois pourtant avec quelle facilité la conscience de la limitation, qui règne ici-bas chez les humains, peut m'induire en erreur si je me laisse hypnotiser par l'environnement. »

❖ ❖ ❖

Qu'est-ce que l'initiative ? C'est la faculté créatrice en vous, une étincelle du Créateur infini. Elle peut vous donner le pouvoir de créer ce que personne d'autre n'a jamais créé. Elle vous incite à agir de façon innovatrice. Les prouesses d'une personne faisant preuve d'initiative peuvent avoir la splendeur d'une étoile filante. Semblant tirer sa création du néant, elle démontre que ce qui paraît impossible peut devenir possible en mobilisant l'immense pouvoir inventif de l'Esprit.

❖ ❖ ❖

Celui qui crée n'attend pas qu'une occasion se présente et n'accuse ni les circonstances, ni le sort, ni les dieux. Il saisit les occasions ou bien les crée à l'aide de la baguette magique de sa volonté, de ses efforts et de son discernement infaillible.

❖ ❖ ❖

Avant de vous lancer dans une entreprise importante, retirez-vous dans le silence, calmez vos sens et vos pensées et méditez profondément. Vous serez alors guidé par le grand pouvoir créatif de l'Esprit.

❖ ❖ ❖

Quel que soit le projet que vous désirez entreprendre, faites-le mûrir jusqu'à ce que vous soyez totalement absorbé dans cette idée. Réfléchissez, réfléchissez, et réfléchissez encore, puis élaborez un plan. Ensuite, prenez votre temps, n'entreprenez rien à la hâte. Faites un pas et réfléchissez encore. Quelque chose en vous-même vous indiquera la marche à suivre. Suivez-la et réfléchissez de nouveau. D'autres indications se révéleront. En apprenant à vous intérioriser, vous connecterez votre conscience à la superconscience de l'âme. Vous pourrez alors mobiliser une force de volonté et une patience infinies, ainsi que l'intuition, qui vous permettront de faire germer vos idées jusqu'au succès.

❖ ❖ ❖

Dès qu'une pensée intéressante vous traverse l'esprit, travaillez-la. Certains ont de bonnes idées, mais ils manquent de ténacité pour les faire mûrir et les réaliser. Faites preuve de courage, de persévérance et dites-vous : « Je vais réaliser ce projet. Je ne réussirai peut-être pas dans cette vie, mais j'en ferai l'effort. » Réfléchissez et agissez, réfléchissez et agissez sans relâche. C'est ainsi que vous développerez le pouvoir de l'esprit. Chaque idée est une petite graine qu'il vous appartient de faire pousser.

❖ ❖ ❖

Bien des gens essaient d'accomplir quelque chose dans le domaine de la pensée, mais renoncent dès que les difficultés se présentent. Seuls ceux qui ont visualisé avec intensité leurs projets ont été en mesure de leur faire revêtir une forme extérieure.

❖ ❖ ❖

L'imagination [le pouvoir de l'image ou de la visualisation] est un facteur très important dans la pensée créatrice, mais il faut faire mûrir cette imagination pour qu'elle devienne conviction. Vous ne pourrez y parvenir qu'avec une ferme volonté. Si vous imaginez quelque chose avec toute la force de volonté dont vous êtes capable, votre imagination se convertira en conviction. Et quand vous saurez garder cette conviction malgré tous les obstacles, elle se concrétisera.

❖ ❖ ❖

Élaborez mentalement de petits projets et exercez-vous à les matérialiser jusqu'à ce que vous puissiez aussi réaliser de grands rêves.

❖ ❖ ❖

Les gens qui réussissent sont ceux qui ont suffisamment prémédité ce qu'ils projetaient de construire ou de produire ici-bas, de sorte qu'ils l'ont imprimé dans leur esprit de façon indélébile. Soutenus par le trésorier qu'est leur faculté créatrice, ils engagent leur force de volonté comme entrepreneur, leur attention minutieuse comme charpentier, et leur patience comme main-d'œuvre nécessaire pour matérialiser, dans leur vie, le résultat ou l'objet désiré.

❖ ❖ ❖

Quand vous désirez créer quelque chose, ne dépendez pas de sources extérieures, mais sondez le tréfonds de votre âme pour y découvrir la Source infinie. Toute méthode de succès dans les affaires, toute invention, toute vibration musicale, toute pensée et tout écrit de nature inspiratrice sont consignés dans les annales de Dieu.

❖ ❖ ❖

Efforcez-vous de progresser vers Dieu. C'est la notion la plus importante de toute pensée créatrice.

Créer un succès total

Qui cherche Dieu est sage. Qui a trouvé Dieu est victorieux.

❖ ❖ ❖

La réussite n'est pas une simple affaire ; elle ne peut pas être déterminée uniquement par la somme d'argent ou les biens matériels que vous possédez. La réussite a une signification beaucoup plus profonde. Elle ne peut en fait se mesurer qu'en fonction de la paix intérieure et du contrôle mental que vous êtes capable de manifester afin d'être heureux en toute circonstance. Telle est la vraie réussite.

❖ ❖ ❖

Les grands maîtres ne vous conseilleront jamais d'être négligent ; ils vous enseigneront à trouver l'équilibre. Vous devez, certes, travailler pour nourrir et vêtir le corps, mais si vous laissez un devoir en contredire un autre, il ne s'agit pas d'un véritable devoir. Des milliers d'hommes d'affaires sont si occupés à amasser des richesses qu'ils oublient qu'en agissant de la sorte ils se créent aussi de nombreux problèmes cardiaques ! Si le devoir envers la prospérité vous fait oublier le devoir envers la santé, ce n'est pas un devoir. Il faut évoluer de façon harmonieuse. Ce n'est pas la peine de porter une attention particulière au développement d'un corps superbe si celui-ci loge une cervelle d'oiseau. Il faut aussi développer l'esprit. De même, si vous êtes en excellente santé, riche et intelligent, mais que vous n'êtes pas heureux, vous n'avez pas encore réussi votre vie. Quand vous pourrez réellement affirmer : « Je suis heureux et nul ne peut m'enlever mon bonheur », vous serez un roi – vous aurez découvert l'image de Dieu en vous.

❖ ❖ ❖

Le succès possède également un autre mérite car, grâce à lui, non seulement nous produisons des résultats harmonieux et avantageux pour nous-mêmes, mais nous partageons aussi ces bénéfices avec les autres.

❖ ❖ ❖

L'objet principal de votre vie doit être de rendre service aux autres. Sans cet idéal, l'intelligence dont Dieu vous a doté n'atteint pas son but. Lorsque vous rendez service, vous oubliez le petit soi et percevez le grand Soi de l'Esprit. Tel le soleil qui sustente toute vie de ses rayons, répandez des rayons d'espoir dans le cœur des pauvres et des délaissés, insufflez du courage dans l'âme des découragés et ravivez d'une force nouvelle l'esprit de ceux qui pensent avoir échoué. Quand vous aurez réalisé que la vie est à la fois une joyeuse bataille de devoirs et un rêve éphémère, et quand vous serez comblé par la joie de rendre les autres heureux en leur offrant paix et gentillesse, aux yeux de Dieu votre vie sera une réussite.

La valeur de l'enthousiasme

Tout travail exécuté dans le bon état d'esprit permet de remporter une victoire sur soi-même... Ce qui compte, c'est l'attitude dans le travail. La paresse mentale et le travail à contrecœur sont nuisibles. On me demande souvent : « Comment pouvez-vous accomplir tant de choses ? » C'est parce que je fais tout avec le plus grand plaisir et dans un esprit de service. Intérieurement je suis avec Dieu tout le temps et bien que je dorme très peu, je me sens toujours frais et dispos car j'adopte dans toutes mes tâches l'attitude juste, à savoir que servir est un privilège.

❖ ❖ ❖

La répugnance à travailler s'accompagne d'apathie et de manque d'énergie. L'enthousiasme et la bonne volonté vont de pair avec un regain d'énergie. Ces faits permettent de mettre en évidence la relation subtile entre la volonté et l'énergie. Plus la volonté est forte, plus l'énergie est inépuisable.

❖ ❖ ❖

Si, dans la vie, vous exercez un travail humble, ne vous en excusez pas. Soyez-en fier, car vous remplissez le devoir qui vous a été confié par le Père. En fait, Il a besoin de vous à cette place en particulier ; tout le monde ne peut jouer le même rôle. Tant que vous travaillerez pour plaire à Dieu, toutes les forces cosmiques se conjugueront harmonieusement pour vous aider.

❖ ❖ ❖

Aux yeux de Dieu, la notion de grandeur ou de petitesse n'existe pas. En effet, s'Il n'avait pas créé l'infime atome avec la plus parfaite précision, les cieux pourraient-ils revêtir la fière structure de Véga ou d'Arcturus ? La distinction entre l'« important » et l'« insignifiant » est certes inconnue du Seigneur, car s'Il avait négligé le plus petit détail dans Son œuvre, le cosmos tout entier se serait écroulé.

❖ ❖ ❖

Essayez d'accomplir de petites choses de façon extraordinaire.

❖ ❖ ❖

Vous devez progresser ; essayez par exemple d'exceller dans votre travail. Exprimez le pouvoir illimité de l'âme dans tout ce que vous entreprenez… Créez et produisez sans relâche de nouveaux succès et évitez de vous transformer en automate. Tout travail est purificateur s'il est exécuté pour le bon motif.

❖ ❖ ❖

Il faut aborder les difficultés ou les tâches immédiates avec une énergie concentrée et s'en acquitter à la perfection. Telle doit être notre philosophie de la vie.

❖ ❖ ❖

Déployez une grande persévérance, cultivez une créativité originale et développez vos talents grâce au pouvoir illimité de Dieu, qui émane de la communion quotidienne avec Lui dans la méditation profonde ; employez des méthodes commerciales honnêtes, faites preuve de loyauté envers votre employeur et considérez son entreprise comme si c'était la vôtre ; cultivez une harmonie intuitive tant avec votre supérieur immédiat ou votre patron qu'avec votre Employeur cosmique, Dieu. Vous ne manquerez pas ainsi de plaire à votre employeur au travail et à votre Employeur divin.

❖ ❖ ❖

Il est facile d'être oisif ou au comble du désespoir et de renoncer ainsi à tout effort de réussite financière dans la vie. De même, il est facile de s'enrichir malhonnêtement quand l'occasion se présente, mais c'est une erreur de se trouver ainsi des excuses pour ne pas faire l'effort de gagner sa vie honorablement...

Il faut faire preuve de qualités exceptionnelles pour prospérer financièrement, honnêtement, rapidement et sans penser à soi, juste pour Dieu et Son œuvre, et pour le bonheur d'autrui. Une telle dynamique développe maintes qualités solides qui nous aident à progresser aussi bien dans la voie matérielle que dans la voie spirituelle. Gagner de l'argent honnêtement et habilement pour servir l'œuvre de Dieu est un très grand art qui vient immédiatement après celui de réaliser Dieu. Le fait de réussir en affaires repose sur l'acquisition de connaissances en matière d'organisation, de méthode et de direction, ainsi que sur le sens des responsabilités et sur le sens pratique, qui sont tous des facteurs nécessaires à l'évolution complète de l'homme.

Abondance et prospérité

Ceux qui ne recherchent la prospérité qu'à des fins personnelles sont voués à ne trouver en fin de compte que la pauvreté ou la souffrance due à un déséquilibre mental ; en revanche, ceux qui se considèrent chez eux partout dans le monde et qui se soucient réellement de la prospérité collective ou mondiale en œuvrant pour elle... découvrent la prospérité individuelle qui leur est dévolue à juste titre. Il s'agit là d'une loi secrète et infaillible.

❖ ❖ ❖

La loi de la prospérité repose essentiellement sur l'altruisme.

❖ ❖ ❖

Je ne possède rien, pourtant, je sais que si j'avais faim, des milliers de personnes dans le monde entier se proposeraient de me nourrir, car j'ai donné à des milliers de gens. Cette même loi est à l'œuvre pour tous ceux qui pensent non pas à leur propre faim, mais aux besoins d'autrui.

❖ ❖ ❖

Œuvrez chaque jour pour aider les autres, même si votre contribution est dérisoire. Si vous voulez aimer Dieu, vous devez aimer vos semblables. Ce sont Ses enfants. Vous pouvez apporter une aide matérielle en donnant à ceux qui sont dans le besoin, et une aide mentale en offrant réconfort aux affligés, courage aux craintifs, amitié divine et soutien moral aux faibles. Vous semez aussi des graines de bonté quand vous éveillez chez les autres l'intérêt pour Dieu et que vous cultivez en eux un amour suprême pour Lui, une foi plus profonde dans le Seigneur. Quand vous quitterez ce monde, vous abandonnerez toute richesse matérielle, mais vous emporterez avec vous tout le bien que vous aurez fait. Les riches qui vivent dans l'avarice et les égoïstes qui n'aident jamais les autres n'attirent pas la richesse dans leur prochaine vie. Par contre, ceux qui, riches ou pauvres, partagent généreusement, attirent la prospérité. Telle est la loi de Dieu.

❖ ❖ ❖

Considérez l'Abondance divine comme une pluie puissante et rafraîchissante que vous pouvez recueillir dans un récipient. Si vous tendez une timbale, vous recueillerez une timbale de pluie. Si vous tendez un bol, vous recueillerez un bol de pluie. Quel récipient utilisez-vous pour recueillir l'Abondance divine ? Il se peut que votre récipient soit défectueux, auquel cas il faut le réparer en faisant disparaître toute crainte, toute haine, doute ou envie, puis le nettoyer à l'eau purifiante de la paix, de la tranquillité, de la dévotion et de l'amour. L'Abondance divine répond à la loi du service et de la générosité. Donnez et vous recevrez. Donnez au monde le meilleur de vous-même et vous recevrez en retour ce qu'il y a de meilleur au monde.

❖ ❖ ❖

L'action de grâce et les louanges ouvrent la voie, dans votre conscience, à l'évolution spirituelle et à l'abondance divine. L'Esprit se traduit en manifestations visibles dès que s'ouvre un canal Lui permettant de s'infiltrer.

❖ ❖ ❖

« À ceux qui s'absorbent en Moi dans la méditation, unis à Moi par le lien éternel de l'adoration perpétuelle, J'apporte ce qu'ils n'ont pas encore et préserve ce qu'ils ont déjà [1]. » [Ceux] qui sont fidèles à leur Créateur, qui Le perçoivent dans les diverses phases de la vie, découvrent qu'Il a pris en charge leurs existences dans les moindres détails et qu'avec Sa divine clairvoyance, Il leur facilite le chemin...

Ce verset de la Gita nous rappelle les paroles du Christ : « Cherchez d'abord le royaume de Dieu et Sa justice et tout le reste vous sera donné par surcroît [2]. »

[1] Bhagavad Gita IX : 22.
[2] Matthieu 6 : 33.

———•❖•———

AFFIRMATIONS POUR LA RÉUSSITE

*J'avancerai dans la vie en ayant une foi abso-
lue en la puissance du Bien omniprésent qui
m'apporte ce dont j'ai besoin, quand j'en ai
besoin.*

❖ ❖ ❖

*En moi réside l'infinie Puissance créatrice. Je
ne mourrai pas sans avoir accompli quelque
chose. Je suis un homme-Dieu, un être doué de
raison. Je suis la force de l'Esprit, la Source dynamique de mon âme. Je ferai des innovations
dans le monde des affaires, dans le monde de
la pensée, dans le monde de la sagesse. Mon
Père et moi sommes Un. Je peux créer tout ce
que je désire, à l'instar de mon Père créateur.*

———•❖•———

AFFIRMATIONS POUR
L'ABONDANCE DIVINE

*Ô Père, je veux obtenir la prospérité, la san-
té et une sagesse sans mesure, jaillissant
non pas de sources terrestres, mais de Tes
mains divines, infiniment puissantes et géné-
reuses, possédant toute chose en abondance.
Je ne me limiterai pas à mendier une prospérité, une santé et une connaissance périssables.*

Je suis Ton enfant et à ce titre, je revendique, sans réserve, la part de Tes richesses infinies, due à un fils divin.

❖ ❖ ❖

Père Divin, voici ma prière : Peu m'importent les possessions permanentes, mais fais que je puisse acquérir à volonté ce dont j'ai besoin chaque jour.

CHAPITRE 7

La paix intérieure : Antidote au stress, à l'inquiétude et à la peur

Le calme est l'état idéal dans lequel on se doit d'accueillir toutes les expériences de la vie. La nervosité est le contraire du calme et sa prédominance actuelle chez l'être humain en fait presque un fléau mondial.

❖ ❖ ❖

Seul celui qui s'imprègne de l'harmonie présente en son âme connaît l'harmonie se manifestant dans la nature. Celui qui n'éprouve pas cette harmonie intérieure en ressent aussi la carence dans le monde. L'esprit où règne le chaos voit le chaos partout. Comment quelqu'un peut-il savoir ce qu'est la paix s'il n'y a jamais goûté ? Mais celui qui possède la paix intérieure peut la conserver, même au milieu de conditions discordantes.

❖ ❖ ❖

Lorsque vous vous inquiétez, votre esprit, telle une radio, émet des parasites. Le chant de Dieu est un chant de paix. La nervosité constitue les parasites, mais la paix est la voix de Dieu qui vous parle à travers la radio de votre âme.

❖ ❖ ❖

Le calme est le souffle vital de l'immortalité divine qui est en vous.

❖ ❖ ❖

Accomplissez tout ce que vous entreprenez avec sérénité. C'est le meilleur remède pour le corps, l'esprit et l'âme – et c'est la plus merveilleuse façon de vivre.

❖ ❖ ❖

La paix est le sanctuaire de Dieu, l'état dans lequel existe le bonheur.

❖ ❖ ❖

Si vous prenez la ferme résolution de ne jamais perdre votre paix intérieure, vous pourrez atteindre un état divin. Gardez en vous-même une chambre secrète où règne le silence et où vous ne laisserez entrer ni les humeurs négatives, ni les épreuves, ni les luttes, ni les désaccords. De même interdisez-en l'accès à toute haine, vengeance, ou désir. C'est dans ce havre de paix que Dieu viendra vous rendre visite.

❖ ❖ ❖

Vous ne pouvez pas acheter la paix, vous devez savoir comment la façonner en vous-même, dans le calme de la méditation quotidienne.

❖ ❖ ❖

Nous devrions modeler notre vie suivant un schéma triangulaire ayant pour base le bonheur et pour côtés le calme et la douceur. Nous devrions nous répéter chaque jour : « Je suis un prince de la Paix ; je gouverne le royaume de mes activités en siégeant sur le trône de la sérénité. » Que l'on agisse avec rapidité ou lenteur, dans la solitude ou au cœur des activités humaines, on doit toujours faire preuve de sérénité et de maîtrise de soi.

La nervosité

Celui qui possède un calme naturel ne perd en aucune circonstance le sens de la raison, de la justice ou de l'humour... Il n'empoisonne pas ses tissus organiques avec la colère ou la peur qui occasionnent des réactions nuisibles dans la circulation sanguine. En effet, c'est un fait prouvé que le lait d'une mère en colère peut être nocif pour son enfant. Quelle preuve plus frappante avancer sinon que la violence des émotions finit un jour par transformer le corps humain en une affreuse épave ?

❖ ❖ ❖

Toute maladie nerveuse a son origine dans le fait d'entretenir constamment des pensées de peur, de colère, de mélancolie, de remords, d'envie, de chagrin, de haine, de mécontentement ou d'inquiétude, ou encore dans le manque d'éléments indispensables à une vie heureuse et normale, à savoir une alimentation saine, des exercices physiques appropriés, de l'air pur, du soleil, un travail agréable et un but dans la vie.

❖ ❖ ❖

Si l'on branche une ampoule de 120 volts à une source d'alimentation de 2000 volts, elle grillera. De même, le système nerveux n'a pas été conçu pour résister aux forces destructrices des émotions intenses ou des pensées et des sentiments négatifs persistants.

❖ ❖ ❖

Toutefois, la nervosité peut se guérir. Une personne qui souffre de nervosité doit être disposée à analyser son état, puis à supprimer les émotions nocives et les pensées négatives qui la consument à petit feu. L'analyse objective des problèmes [1] et le maintien d'un état de quiétude en toutes circonstances guériront les cas de nervosité les plus persistants... La victime de la nervosité doit comprendre son cas et examiner ses incessantes erreurs de raisonnement qui sont responsables de son mal de vivre.

❖ ❖ ❖

Au lieu de vous hâter vers une quelconque destination dans un état d'excitation émotionnelle qui, une fois que vous êtes arrivé, vous empêche d'apprécier quoi que ce soit à cause de votre nervosité, essayez de rester serein... Dès que l'esprit s'agite, ordonnez-lui de rester calme par la force de votre volonté.

❖ ❖ ❖

La surexcitation perturbe l'équilibre nerveux car elle transmet une énergie excessive à certains neurones et en prive certains autres. Cette mauvaise répartition de l'énergie est la seule responsable de la nervosité.

❖ ❖ ❖

Un corps détendu et calme favorise la paix mentale.

❖ ❖ ❖

[1] Voir Chapitre 5.

[Technique [1] de relaxation physique :]

Tendez avec volonté : Par l'action de votre volonté, tendez les muscles de tout le corps ou d'une partie de celui-ci pour y diriger l'énergie vitale. Soyez conscient de l'énergie qui y vibre, de l'effet stimulant et revitalisant qui s'y produit. *Relâchez et ressentez :* Relâchez la tension et soyez attentif aux doux fourmillements qui se produisent dans la zone ainsi rechargée par une vie et une vitalité nouvelles. *Ressentez* que vous n'êtes pas le corps, mais la force vitale qui le sustente. Goûtez au sentiment de paix, au sentiment de liberté et à l'expansion de conscience qui accompagnent le calme produit par la pratique de cette technique.

❖ ❖ ❖

Quand la paix se trouve dans chaque mouvement de votre corps, dans chacune de vos pensées, dans la force de volonté et l'amour qui vous habitent, et que la sérénité divine guide toutes vos ambitions, vous avez ramené Dieu dans votre vie – ne l'oubliez pas.

L'inquiétude et la peur

Bien que la vie semble capricieuse, incertaine et remplie de toutes sortes de difficultés, nous sommes toujours sous la douce protection de Dieu qui nous montre le chemin.

---

[1] Brève synthèse d'une technique particulière élaborée en 1916 par Paramahansa Yogananda, visant à recharger le corps de vitalité et à faciliter une détente parfaite. Cette technique est enseignée dans les *Leçons de la Self-Realization Fellowship.* Au cours de ces dernières années, le principe général de tension et de relaxation a été largement adopté et utilisé par la science médicale pour favoriser le traitement de nombreuses maladies, notamment pour réduire la nervosité et l'hypertension artérielle.

❖ ❖ ❖

Ne vous tracassez donc pas pour une chose ou pour une autre. Quand l'inquiétude vous envahit, n'oubliez pas que vous creusez un peu plus en vous le sillon de l'illusion cosmique [1].

❖ ❖ ❖

Nous cultivons la peur de l'échec ou de la maladie en ressassant ces pensées dans notre esprit conscient jusqu'à ce qu'elles prennent racine dans le subconscient, puis finalement dans le superconscient [2]. Ainsi enracinée dans le subconscient et le superconscient, la peur commence à germer et à envahir l'esprit conscient de ramifications beaucoup plus difficiles à détruire que la peur originelle, ramifications qui finiront par produire des fruits au poison mortel…

Éradiquez ces pensées de peur à la source en vous concentrant énergiquement sur le courage et en transférant votre conscience sur la paix absolue et fondamentale de Dieu.

❖ ❖ ❖

Quelle que soit la peur qui vous étreint, écartez-la de votre esprit et remettez-la entre les mains de Dieu. Ayez foi en Lui. L'inquiétude est le siège de nombreux maux. Pourquoi souffrir maintenant alors que la maladie ne s'est pas encore manifestée ? Étant donné que la plupart des maux dont nous souffrons

---

[1] L'oubli de la vraie nature omnipotente de l'âme et de son lien divin avec Dieu est la source de toutes les souffrances et limitations. Le Yoga nous enseigne que cet oubli ou ignorance est causé par *maya* ou illusion cosmique.

[2] L'esprit supérieur duquel découle le pouvoir du subconscient et du conscient.

sont provoqués par la peur, si vous renoncez à la peur, vous en serez immédiatement affranchi. La guérison sera instantanée. Chaque soir avant de vous endormir, affirmez : « Le Père Céleste est avec moi, je suis protégé. » Entourez-vous mentalement de l'Esprit... Vous sentirez Sa merveilleuse protection.

❖ ❖ ❖

Quand votre conscience est fixée sur Dieu, toute peur disparaît. Vous surmonterez alors tout obstacle courageusement et avec foi.

❖ ❖ ❖

La peur vient du cœur. S'il vous arrive de vous sentir accablé par la hantise de tomber malade ou d'avoir un accident, inspirez et expirez plusieurs fois profondément, lentement et en rythme, en vous détendant à chaque expiration. Cet exercice favorise la normalisation de la circulation. Si votre cœur est vraiment calme, vous ne pouvez éprouver la moindre peur.

❖ ❖ ❖

L'ennui, c'est qu'au lieu de vivre exclusivement dans le présent nous essayons de vivre en même temps dans le passé et dans l'avenir. L'esprit ne pouvant supporter de telles charges, il est de notre devoir de l'en alléger. Le passé est révolu. Pourquoi continuer à en charger notre esprit ? Laissez l'esprit ne porter qu'un seul fardeau à la fois. Le cygne ne mange que le contenu solide du liquide qu'il recueille en son bec. De même, nous ne devons garder à l'esprit que les leçons enseignées par le passé et en oublier les détails inutiles. L'esprit s'en trouvera ainsi grandement soulagé.

❖ ❖ ❖

Quand on a trop de choses à faire en même temps, on se sent découragé d'avance. Au lieu de vous préoccuper du travail à faire, contentez-vous de vous dire : « Cette heure m'appartient, je ferai de mon mieux. » L'horloge ne peut marquer vingt-quatre heures en une minute et vous ne pouvez accomplir en une heure ce qui doit prendre vingt-quatre heures. Vivez pleinement chaque moment présent et l'avenir prendra soin de lui-même. Savourez totalement la merveilleuse beauté de chaque instant. Pratiquez la présence de la paix ; plus vous le ferez, plus vous sentirez la présence de ce pouvoir dans votre vie.

❖ ❖ ❖

Le plaisir de l'homme moderne consiste à obtenir toujours plus, sans aucune considération pour autrui. Ne vaut-il pas mieux vivre simplement – sans s'entourer d'autant de luxe, mais en ayant moins de soucis ? Il n'y a aucun plaisir à en arriver au point de ne plus pouvoir apprécier ce que l'on a. Le moment viendra où l'humanité commencera à détourner sa conscience des besoins matériels inutiles. On trouvera alors plus de sécurité et de sérénité dans une vie faite de simplicité.

❖ ❖ ❖

Si vous tirez continuellement des chèques sans effectuer de dépôt sur votre compte en banque, vos fonds seront vite épuisés. Il en va de même pour votre vie. Si vous ne versez pas régulièrement de la paix sur votre compte-vie, vous épuiserez votre capital force, calme et bonheur, ce qui vous conduira à la faillite – que ce soit au niveau émotionnel, mental, physique ou spirituel. En revanche, la communion quotidienne

avec Dieu renflouera sans cesse votre compte en banque intérieur.

❖ ❖ ❖

Même si vous avez un emploi du temps chargé,
il ne faut pas oublier, de temps à autre, de libérer
entièrement votre esprit de tous soucis et devoirs...
Essayez, une minute à la fois, de ne pas entretenir de
pensées négatives, l'esprit fixé sur la paix intérieure,
surtout si vous êtes inquiet. Essayez ensuite de garder
l'esprit calme pendant quelques minutes. Puis, pensez
à un incident heureux de votre vie, faites-le revivre en
le visualisant intérieurement ; revivez ainsi mentalement des expériences agréables jusqu'à ce que vous
ayez complètement oublié vos soucis.

❖ ❖ ❖

Quand on est accablé de soucis ou dépassé par des
épreuves mentales, il faut essayer de s'endormir. Si
l'on y parvient, on découvrira au réveil que la tension
mentale a été soulagée et que les soucis ont perdu de
leur emprise [1]. Il faut se souvenir dans ces moments-là
que même si on meurt, la terre continuera à parcourir
son orbite et les affaires du monde se poursuivront
comme d'habitude. Pourquoi donc se tracasser ?

❖ ❖ ❖

[1] Comme expliqué à la page 18, en pénétrant l'état subconscient du
sommeil, l'âme s'élève temporairement au-dessus des difficultés as-
sociées à l'attachement au corps et à ses expériences. Mais il est une
meilleure méthode qui consiste à accéder à l'état superconscient de
communion avec Dieu par la méditation profonde.

La vie est divertissante si nous ne la prenons pas trop au sérieux. Un bon éclat de rire est un excellent remède contre les maladies. Le peuple américain se caractérise principalement par une merveilleuse propension au rire. Il est admirable de pouvoir rire de la vie. C'est ce que mon maître [Swami Sri Yukteswar] m'a enseigné. Au début de ma formation spirituelle dans son ermitage, j'allais et venais d'un air grave, sans jamais esquisser un sourire. Mon Maître me fit un jour la remarque suivante : « Que t'arrive-t-il ? Tu assistes à des funérailles ? Ignores-tu que le fait de trouver Dieu enterre tous les chagrins ? Pourquoi es-tu si maussade ? Ne prends pas cette vie trop au sérieux ! »

❖ ❖ ❖

Sachant que vous êtes un enfant de Dieu, décidez de rester calme, quoi qu'il arrive. Si votre esprit s'identifie entièrement à vos activités, vous ne pouvez pas être conscient du Seigneur, mais si vous êtes calme et réceptif à Sa présence intérieurement, tout en étant extérieurement actif, vous agissez comme il se doit.

❖ ❖ ❖

Apaisez votre esprit agité et tourné vers l'extérieur en le dirigeant vers l'intérieur. Mettez vos pensées et vos désirs en accord avec les réalités parfaites que vous possédez déjà en votre âme. Vous percevrez alors l'harmonie fondamentale existant dans votre vie comme dans toute la nature. Si vous mettez vos espoirs et vos attentes au diapason de cette harmonie immanente, vous traverserez la vie en étant allègrement soutenu par des ailes de paix. La beauté et la

profondeur du Yoga résident dans l'apport de cette
tranquillité immuable [1].

❖ ❖ ❖

La réalisation que tout pouvoir de penser, parler,
sentir et agir vient de Dieu et qu'Il est avec nous à
tout jamais pour nous guider et nous inspirer nous
délivre instantanément de la nervosité. Cette réalisation s'accompagne d'éclairs de joie divine ; il arrive
parfois qu'une profonde illumination envahisse l'être,
bannissant le concept même de la peur. Tel un océan,
le pouvoir de Dieu déferle dans le cœur pour balayer
et éliminer les obstacles illusoires que sont le doute,
la nervosité ou la peur. On transcende la matière illusoire, la conscience de n'être qu'un corps mortel,
en contactant la douce sérénité de l'Esprit dans la
méditation quotidienne. C'est alors que l'on perçoit
le corps comme une petite bulle d'énergie dans Son
océan cosmique.

---

[1] « L'état de quiétude absolue (*chitta*) atteint dans la méditation par la
pratique du Yoga dans lequel le petit soi (l'ego) se perçoit en tant que
grand Soi (l'âme) et est pleinement satisfait dans le Soi.

« L'état dans lequel la joie qui transcende les sens est perceptible à
l'intelligence éveillée et intuitive, et qui établit le yogi à jamais sur son
trône ;

« L'état que le yogi considère, une fois atteint, comme trésor suprême,
et dont aucune souffrance, si immense soit-elle, ne peut le détourner ;

« Cet état de dissolution de la souffrance est le Yoga qui doit donc être
pratiqué avec détermination et un cœur vaillant. »
(Bhagavad Gita VI : 20-23.)

———◆———

AFFIRMATIONS POUR LA PAIX ET LE CALME

Je suis un prince de la Paix ; je gouverne le royaume de mes activités en siégeant sur le trône de la sérénité.

❖ ❖ ❖

Dès l'instant où je me sentirai nerveux ou perturbé mentalement, je me retirerai dans le silence et la méditation jusqu'à ce que le calme soit rétabli en moi.

❖ ❖ ❖

Je ne serai ni paresseux ni actif de manière fébrile. Face à tous les défis de la vie, je ferai de mon mieux sans me soucier de l'avenir.

CHAPITRE 8

Exprimer le meilleur de soi

Nous sommes ce que nous *pensons* être. La tendance habituelle de nos pensées détermine les talents, les compétences et la personnalité qui nous sont propres. Ainsi certains *pensent* qu'ils sont écrivains ou artistes, travailleurs ou paresseux, etc. Et qu'en est-il si vous désirez être autre que ce que vous pensez être actuellement ? Vous pouvez avancer l'argument que certains possèdent dès la naissance le talent qui vous fait précisément défaut, mais que vous souhaiteriez avoir. C'est exact, cependant ils ont dû, à un certain moment, cultiver l'habitude de cette compétence – sinon dans cette vie, du moins dans une vie antérieure [1]. Ainsi, quelles que soient vos aspirations, commencez sans tarder à en développer le schéma. Vous pouvez, dès maintenant, instiller dans votre conscience n'importe quelle tendance, pourvu que vous injectiez dans votre esprit une pensée puissante à laquelle toutes vos actions et tout votre être obéiront.

❖ ❖ ❖

Il ne faut jamais abandonner l'espoir de s'améliorer. En fait on n'est « vieux » que lorsque l'on refuse de faire l'effort de changer. Cet état de stagnation est la seule « vieillesse » que je reconnaisse. Quand quelqu'un ne cesse de répéter : « Je ne peux pas changer, je suis comme je suis », je ne peux que répondre : « Bien, restez comme vous êtes puisque vous en avez décidé ainsi. »

[1] Voir *Réincarnation* dans le glossaire.

❖ ❖ ❖

Quel que soit son état actuel, toute personne peut évoluer par la maîtrise de soi, la discipline, l'observation des règles d'hygiène de vie et d'alimentation appropriées. Pourquoi se croire incapable de changer ? La paresse mentale est la cause secrète de toutes les faiblesses.

❖ ❖ ❖

Nous avons tous des idiosyncrasies qui nous limitent. Ce n'est pas Dieu qui les a ajoutées à notre nature, mais nous qui les avons créées ; ce sont elles qu'il faut changer – en restant conscients que ces habitudes qui nous caractérisent, ne sont autres que la manifestation de nos propres pensées.

❖ ❖ ❖

En définitive, tout dans l'univers procède de la conscience pure et toute apparence finie résulte de la relativité de la conscience [1]. Donc, si vous désirez changer quelque chose en vous-même, vous devez modifier le schéma mental qui engendre la matérialisation de la conscience en différentes formes de matière et d'action. Telle est la seule et unique façon de remodeler votre vie.

[1] Le Yoga enseigne que la pensée de Dieu est la structure fondamentale de la création. Tout comme la vapeur se transforme en eau par condensation, puis en glace par condensation supplémentaire, tous schémas et toutes formes d'énergie ou de matière sont des condensations de conscience. Les physiciens d'avant-garde du vingtième siècle, redécouvrent ce que les yogis savaient depuis l'antiquité. Sir James Jeans, homme de science britannique, a écrit : « L'univers commence à ressembler davantage à une grande pensée qu'à une grande machine. » Et Einstein a dit : « Je voudrais savoir comment Dieu a créé ce monde. Peu m'importe tel ou tel phénomène, dans le spectre de tel ou tel élément. Je veux connaître Ses pensées, le reste n'est que détails. »

❖ ❖ ❖

Nous pouvons heureusement, grâce à la pratique de la concentration, commencer n'importe où et n'importe quand à développer les qualités qui nous font défaut. Si nous manquons de force de volonté, concentrons-nous sur celle-ci, et par un effort conscient, nous parviendrons à créer en nous une volonté de fer. Si nous souhaitons nous délivrer de la peur, il faut méditer sur le courage pour, en temps voulu, être entièrement affranchi de celle-ci.

❖ ❖ ❖

Il suffit tout simplement d'écarter de l'esprit les pensées que vous aimeriez supprimer et de les remplacer par des pensées constructives. Telle est la clé du paradis ; elle est entre vos mains.

l'introspection, secret du progrès

La première démarche à effectuer est l'introspection. Faites le point sur vos forces, vos faiblesses, vos habitudes et découvrez ce qui vous entrave. Il s'agit souvent d'inertie ou d'un manque de résolution et d'assiduité au niveau de l'effort et de l'attention. Il faut parfois désherber le jardin de notre vie envahi de mauvaises habitudes pour permettre au vrai bonheur de fortifier ses racines.

❖ ❖ ❖

L'analyse de soi est l'un des secrets du progrès. L'introspection, tel un miroir, révèle les replis obscurs et inexplorés de votre esprit. Diagnostiquez vos échecs, triez vos tendances, bonnes et mauvaises. Analysez-vous, tel que vous êtes, tel que vous souhaitez devenir et examinez les imperfections qui vous entravent.

❖ ❖ ❖

Il y a des milliers de gens qui ne s'analysent jamais. Ils sont mentalement le produit mécanique de leur environnement et ils ne se préoccupent que de boire, manger, travailler, s'amuser et dormir. Ils ignorent ce qu'ils recherchent ou la raison pour laquelle ils le font. De même ils ne savent pas pourquoi ils ne parviennent jamais à atteindre un bonheur complet, une satisfaction durable. Se dérobant à l'introspection, ils fonctionnent comme des robots conditionnés par leur milieu. L'analyse sincère de soi constitue l'art suprême de tout progrès personnel.

Tout le monde devrait apprendre à s'analyser avec détachement. Tous les jours mettez par écrit vos pensées et vos aspirations. Découvrez qui vous êtes – et non pas qui vous imaginez être ! – pour pouvoir devenir celui que vous devriez être. La plupart des gens ne changent pas car ils ne voient pas leurs propres défauts.

❖ ❖ ❖

Ceux qui ne tiennent pas de journal mental devraient absolument commencer cette pratique salutaire ! Le fait de savoir précisément de quelle façon et à quel point on a essuyé des échecs dans les expériences quotidiennes de la vie peut inciter à décupler les efforts nécessaires pour progresser personnellement. La tenue d'un tel journal et le recours au discernement permettent de détruire les mauvaises habitudes qui engendrent le chagrin et la souffrance chez soi, comme chez les autres. Nous devons chaque soir nous demander : « Combien de temps ai-je passé avec Dieu aujourd'hui ? » Nous devons également analyser à quel point nous nous sommes plongés dans nos réflexions, comment nous avons accompli nos tâches, quels services nous avons rendus aux autres et quelle a été notre conduite dans les diverses situations de la journée.

❖ ❖ ❖

En étudiant les graphiques de votre esprit, vous pourrez voir si vous faites quotidiennement des progrès. Ne cherchez pas à vous dérober. Vous devez vous connaître tel que vous êtes. En vous livrant jour après jour à l'introspection, vous garderez un œil sur vos mauvaises habitudes et serez mieux armé pour les détruire.

Vaincre les tentations

Il semble parfois difficile d'être vertueux alors qu'il est aisé d'être immoral. De même, on pense parfois que renoncer au vice revient à passer à côté de quelque chose. Mais je vous assure que vous ne passerez à côté de rien d'autre que le chagrin.

❖ ❖ ❖

Tout ce contre quoi les grands sages vous ont mis en garde est en effet comme du miel empoisonné. Je vous demande de ne pas y goûter. Vous pouvez me répondre : « Mais, c'est tellement doux ! » Eh bien, mon raisonnement est qu'après en avoir goûté la douceur cela vous détruira. Le mal s'est fait douceur pour vous leurrer. Il faut recourir au discernement pour distinguer le miel empoisonné de celui qui vous est salutaire ! Évitez tout ce qui en fin de compte vous fera du mal et choisissez ce qui vous apportera la liberté et le bonheur.

❖ ❖ ❖

Le chagrin, la maladie et l'échec sont les résultats naturels de la transgression des lois de Dieu. La sagesse consiste à éviter de telles infractions et à trouver en soi la paix et le bonheur par des pensées et des actions en harmonie avec le véritable Soi.

❖ ❖ ❖

Chaque fois que vous éprouvez un désir irrésistible dans votre cœur... usez de discernement. Demandez-vous : « Est-ce un bon ou un mauvais désir que je cherche à satisfaire ? »

❖ ❖ ❖

Les désirs matériels encouragent les mauvaises habitudes en créant de faux espoirs de satisfaction et de bonheur. Dans ces moments-là, il est nécessaire de faire appel au pouvoir de discernement pour révéler la vérité, à savoir que les mauvaises habitudes conduisent toujours au malheur. Ainsi dévoilées, les mauvaises habitudes perdent tout pouvoir de maintenir l'homme sous une emprise qui ne peut apporter que la souffrance.

❖ ❖ ❖

Résister à la tentation ne consiste pas à renier tous les plaisirs de la vie, mais à exercer une maîtrise totale sur ce que vous voulez faire. Je vous indique la voie de la liberté réelle et non de la fausse impression de liberté qui, en fait, vous contraint à suivre la voie dictée par vos mauvaises habitudes.

❖ ❖ ❖

L'approche traditionnelle consiste à renier et à refouler la tentation. Vous devez plutôt apprendre à la *maîtriser*. Être tenté n'est pas un péché. Même au plus fort de la tentation, vous n'êtes pas un être mauvais ; si toutefois vous lui cédez, vous êtes temporairement sous l'emprise du mal. Vous devez ériger autour de vous un mur de sagesse pour vous protéger. Il n'y a pas de force plus puissante à mobiliser contre la tentation que la sagesse. Grâce à une totale compréhension intérieure, vous en arriverez au point où rien ne pourra vous inciter à accomplir des actions qui promettent le plaisir, mais qui, en fin de compte, vous sont nuisibles.

❖ ❖ ❖

Tant que vous n'avez pas atteint la sagesse, lorsqu'une tentation se présente, vous devez d'abord enrayer l'action ou le désir, *et ensuite* raisonner. Si vous essayez de raisonner en premier, vous serez contraint de faire malgré vous ce que vous souhaitez précisément éviter, car la tentation est plus forte que la raison. Dites simplement : « Non ! », levez-vous et partez. C'est le moyen le plus sûr d'échapper au Diable [1]. Plus vous développerez le pouvoir de dire « non » lorsqu'une tentation se présente, plus vous serez heureux, car la joie dépend de notre capacité à faire ce que nous *dicte* notre conscience.

---

[1] Satan ; force consciente de l'illusion qui tente de maintenir l'homme dans l'ignorance de sa nature divine. Voir *maya* dans le glossaire.

❖ ❖ ❖

Lorsque vous dites *non* à une tentation, vous devez être ferme dans votre *refus*. Ne fléchissez pas. L'être faible et sans caractère dit toujours *oui*. Mais les grands esprits regorgent de *non*.

❖ ❖ ❖

Quand vous avez résolu d'arrêter de fumer ou de mal manger, de mentir ou de tricher, soyez ferme. Ne fléchissez pas. Un environnement négatif sape la volonté et fait naître des désirs destructifs. Si vous vivez avec des voleurs, vous penserez que c'est la seule manière de vivre. Mais si vous vous entourez d'êtres divins, après avoir goûté à la communion divine, aucun autre désir ne pourra vous tenter.

❖ ❖ ❖

Si vous avez une mauvaise habitude ou une tendance karmique particulière, ne fréquentez pas ceux qui ont les mêmes dispositions que vous. Si vous avez une propension à l'avidité, évitez la compagnie de gens avides. Si vous avez un penchant pour la boisson, ne fréquentez pas les personnes qui boivent. Ceux qui cautionnent vos mauvaises habitudes ne sont pas de vrais amis. À cause d'eux, vous perdrez la joie de votre âme. Évitez la compagnie de ceux qui sont dans l'erreur et fréquentez des gens vertueux.

❖ ❖ ❖

Votre environnement exerce une influence majeure sur votre vie, une influence bien supérieure à votre force de volonté. Changez d'environnement, si cela est nécessaire.

❖ ❖ ❖

Il existe deux sortes d'environnements auxquels vous devez être très attentif : l'environnement extérieur et l'environnement intérieur.

❖ ❖ ❖

Surveillez vos pensées. Toutes vos expériences passent à travers le filtre de vos pensées et ce sont elles qui vous encouragent ou vous démoralisent.

❖ ❖ ❖

Vous devez être plus fort que les pensées ou les suggestions constamment émises par la vibration des autres. C'est ainsi que vous pourrez vaincre les mauvaises vibrations qui pénètrent votre environnement.

❖ ❖ ❖

Considérez Dieu comme votre environnement. Soyez un avec Dieu et rien ne pourra vous nuire.

❖ ❖ ❖

Toute action a sa contrepartie mentale. Nous agissons grâce à notre pouvoir physique, mais nos actions ont leur origine dans l'esprit d'où elles reçoivent leurs ordres. Il est immoral de voler, mais plus grave encore est l'acte mental qui conduit au vol effectif, car la pensée est le véritable auteur du délit. Quelle que soit la mauvaise action que vous désirez éviter, chassez-la d'abord de votre esprit. Si vous ne vous concentrez que sur l'acte physique, il vous sera très difficile de le contrôler. Concentrez-vous sur vos pensées : rectifiez-les et vos actions suivront automatiquement la bonne voie.

❖ ❖ ❖

Chaque fois qu'une pensée négative se présente, chassez-la et Satan ne pourra rien vous faire. Mais dès que vous donnez libre cours à une telle pensée, vous vous dirigez vers Satan. Vous faites constamment un va-et-vient entre le bien et le mal ; pour y échapper, il faut aller là où Satan ne peut vous rejoindre : au plus profond du cœur de Dieu.

❖ ❖ ❖

La vertu et la pureté ne sont pas enracinées dans la faiblesse ; ce sont de puissantes qualités qui combattent les forces du mal. Il est en votre pouvoir de choisir le degré de pureté, d'amour, de beauté et de joie spirituelle que vous exprimerez, non seulement par vos actions, mais aussi par vos pensées, vos sentiments et vos désirs... Gardez un esprit pur et vous découvrirez la présence éternelle du Seigneur en vous. Vous L'entendrez vous parler dans le langage de votre cœur ; vous L'apercevrez dans chaque fleur, chaque arbuste, chaque brin d'herbe et chacune de vos pensées. « Heureux ceux qui ont le cœur pur, car ils verront Dieu [1]. »

❖ ❖ ❖

La meilleure façon de vaincre la tentation est par comparaison. Méditez davantage et voyez si

---

[1] Matthieu 5 : 8.

la méditation ne vous apporte pas un plus grand
bonheur.

❖ ❖ ❖

Quand vous tournez votre esprit vers l'intérieur
(dans la méditation), vous commencez à percevoir
beaucoup plus de merveilles en vous qu'à l'extérieur.

❖ ❖ ❖

Si seulement vous preniez la peine de *contempler*
votre âme, parfait reflet de Dieu en vous, vous décou-
vririez que tous vos désirs sont satisfaits.

❖ ❖ ❖

En l'absence de joie intérieure, l'homme se tourne
vers le mal. La méditation sur le Dieu de Plénitude
nous imprègne de vertu.

❖ ❖ ❖

L'ego tente de satisfaire par voie matérielle le désir
ardent, insatiable et constant que l'âme éprouve pour
Dieu. Loin d'atteindre son but, il accroît la souffrance
de l'homme. La soif de l'âme ne peut jamais être as-
souvie par le plaisir des sens. Quand l'homme saisit
cette notion et qu'il surmonte l'ego, c'est-à-dire quand
il atteint la maîtrise de soi, sa vie est glorifiée par un
état de plénitude divine alors qu'il est encore dans un
corps de chair. Au lieu d'être l'esclave de ses désirs et
de ses appétits matériels, il transfère son attention au
cœur de l'Omniprésence, pour y demeurer à jamais,
ivre de la Joie inhérente à toute chose.

L'attitude correcte à adopter face aux erreurs du passé

Évitez de vous attarder sur les fautes que vous avez commises. Désormais, ces écarts de conduite ne vous appartiennent plus. Laissez-les tomber dans l'oubli ! Les habitudes et les souvenirs sont créés par l'attention que l'on y porte. Dès que vous posez l'aiguille sur un disque, le phonographe commence à jouer. L'attention est l'aiguille qui fait jouer le disque des actions passées. Il ne faut donc pas porter votre attention sur ces actions si elles sont mauvaises. Pourquoi continuer à souffrir de vos erreurs du passé ? Écartez-en le souvenir de votre esprit et prenez soin de ne pas les répéter.

❖ ❖ ❖

Vous vous inquiétez peut-être des erreurs que vous avez commises, mais pas Dieu. Le passé est le passé. Vous êtes Son enfant et toutes vos erreurs sont le fruit de l'ignorance. Il ne peut vous tenir rigueur du mal commis sous l'emprise de l'ignorance. Tout ce qu'Il vous demande est de ne pas répéter vos mauvaises actions. Il veut simplement savoir si vous êtes sincère ou non dans vos bonnes intentions.

❖ ❖ ❖

« Oubliez le passé, [disait Sri Yukteswar]. Car bien des hontes entachent le passé de tous les hommes. Tant que l'homme n'est pas ancré dans le Divin, il ne peut se fier à sa conduite humaine. Votre avenir s'améliorera si vous faites un effort spirituel dans le présent. »

❖ ❖ ❖

Ne vous considérez pas comme un pécheur. Vous êtes un enfant du Père Céleste. Peu importe la gravité des péchés que vous avez commis, oubliez-les. Si vous avez décidé d'être vertueux, vous n'êtes plus un pécheur [1]... Commencez une nouvelle vie et dites-vous : « J'ai toujours été bon ; je rêvais seulement que j'étais mauvais. » Le mal est effectivement un cauchemar qui n'appartient pas à l'âme.

❖ ❖ ❖

Même si vos erreurs sont aussi vastes et profondes que l'océan, elles ne peuvent engloutir l'âme. Poursuivez la voie divine avec une détermination inébranlable, libre de toutes pensées limitatives quant aux erreurs du passé.

❖ ❖ ❖

Vous êtes une étincelle jaillissant d'une Flamme Éternelle. Vous pouvez dissimuler cette étincelle sans toutefois jamais la détruire.

❖ ❖ ❖

L'obscurité a beau régner dans une cave pendant des millénaires, si vous laissez entrer la lumière, elle se dissipera comme si elle n'avait jamais existé. De même, vos défauts, quels qu'ils soient, ne vous appartiennent plus quand vous laissez entrer la lumière du bien. Si puissante est la lumière de l'âme que pas même des incarnations vouées au mal ne peuvent la détruire.

---

1 « Même le plus grand pécheur, s'il médite sans relâche sur Moi, efface rapidement les effets de ses mauvaises actions antérieures. Bientôt, il devient vertueux et atteint la paix éternelle. Sache-le, plaçant toute sa confiance en Moi, mon fidèle ne périt jamais ! » (Bhagavad Gita IX : 30-31.)

❖ ❖ ❖

Aucun péché n'est impardonnable ni aucun mal insurmontable, car le monde de la relativité est exempt d'absolus.

❖ ❖ ❖

Dieu n'abandonne jamais personne. Quand, après avoir péché, vous croyez que votre culpabilité est sans mesure et au-delà de toute rédemption, et quand le monde vous déclare insignifiant et à jamais bon à rien, faites une pause et pensez à la Mère Divine [1]. Dites-Lui : « Mère Divine, je suis Ton enfant, Ton vilain enfant. Pardonne-moi, je T'en prie. » Quand vous invoquez l'aspect maternel de Dieu, il n'y a pas de réplique – vous faites tout simplement fondre le Cœur divin. Mais Dieu ne vous soutiendra pas si vous continuez à mal agir. Tout en priant, vous devez renoncer à vos mauvaises actions.

❖ ❖ ❖

Les saints sont des pécheurs qui ne s'avouent jamais vaincus. Quelles que soient vos difficultés, si vous n'abandonnez pas, vous progresserez dans cette lutte à contre-courant. Et lutter, c'est gagner la faveur de Dieu.

❖ ❖ ❖

Un diamant a-t-il moins de valeur parce qu'il est couvert de boue ? Dieu voit la beauté inaltérable de nos âmes. Il sait que nous ne sommes pas nos erreurs.

❖ ❖ ❖

[1] Voir le glossaire.

Vous êtes un être humain depuis quelques incarnations seulement, mais un enfant de Dieu de toute éternité. Ne vous considérez jamais comme un pécheur car le péché et l'ignorance ne sont que des cauchemars de ce monde mortel. Lorsque nous nous éveillerons en Dieu, nous découvrirons que – en tant qu'âme et conscience pure – nous n'avons jamais rien fait de mal. Non corrompus par les expériences humaines, nous sommes et avons toujours été les fils de Dieu.

❖ ❖ ❖

Nous sommes tous des enfants de Dieu, nés de Son esprit, dans toute sa pureté, sa gloire et sa joie. Cet héritage est inattaquable. Se déclarer pécheur et se condamner à suivre la voie de l'erreur est le plus grand des péchés. La Bible dit : « Ne savez-vous pas que vous êtes le temple de Dieu et que l'Esprit de Dieu habite en vous [1] ? » N'oubliez jamais que votre Père vous aime sans condition.

Créer de bonnes habitudes et détruire les mauvaises

Tournez-vous vers Dieu et vous vous trouverez en train de secouer les chaînes de vos habitudes et de votre environnement... Le Soi identifié à l'ego est asservi ; le Soi identifié à l'âme est affranchi.

❖ ❖ ❖

Votre esprit peut vous dire que vous êtes incapable de vous libérer d'une certaine habitude ; mais les

---

[1] I Corinthiens 3 : 16. Cf. Bhagavad Gita XIII : 23, 33 : « L'Esprit suprême dans ce corps est aussi appelé le Spectateur, celui qui Permet, celui qui Soutient, celui qui Expérimente, le Grand Seigneur et le Soi suprême... Quoique siégeant partout dans le corps, le Soi n'est jamais souillé. »

habitudes n'étant rien d'autre que la répétition de vos propres pensées, vous avez néanmoins le pouvoir de changer ces dernières.

❖ ❖ ❖

La plupart des gens qui décident d'arrêter de fumer ou de manger des sucreries continueront à le faire malgré eux. Ils ne changent pas car, tel un papier buvard, leur esprit a absorbé des habitudes de pensée. « Habitude » signifie que l'esprit se croit incapable de se défaire d'une certaine pensée. L'habitude est certes tenace. Toute action, une fois accomplie, laisse une empreinte ou une impression sur la conscience. Et une fois exposé à cette influence, il y a de grandes chances que vous répétiez cette action.

❖ ❖ ❖

La répétition d'une action crée un schéma mental. Toute action s'exécute aussi bien sur le plan mental que physique ; la répétition d'une action particulière et du schéma mental qui l'accompagne engendre, dans la physiologie du cerveau, la formation de subtils tracés électriques semblables aux sillons d'un disque. Après un certain temps, toutes les fois que vous poserez l'aiguille de l'attention sur ces « sillons » ou tracés électriques, vous rejouerez le « disque » du schéma mental original. Chaque fois qu'une action se répète, les sillons ou tracés électriques s'approfondissent jusqu'à ce que la moindre attention fasse « rejouer » automatiquement la même action.

❖ ❖ ❖

Ces schémas vous dictent certains modes de comportement et cela souvent malgré vous. Votre vie suit les sillons que vous avez vous-même creusés dans le cerveau. Dans cette optique, vous n'êtes pas libre, mais vous êtes plus ou moins la victime des habitudes que vous avez formées. En fonction du degré d'implantation de ces schémas, vous vous retrouvez manipulé comme une marionnette. Vous pouvez toutefois *neutraliser* les diktats de ces mauvaises habitudes. Comment ? En gravant dans votre cerveau les schémas des bonnes habitudes inverses. Vous pouvez aussi, grâce à la méditation, *effacer* entièrement les sillons des mauvaises habitudes.

❖ ❖ ❖

Vous devez vous guérir de vos mauvaises habitudes en les cautérisant avec les bonnes habitudes opposées. Si, par exemple, vous avez la mauvaise habitude de dire des mensonges, ce qui vous a fait perdre de nombreux amis, cultivez la bonne habitude inverse de dire la vérité.

❖ ❖ ❖

Enlevez de la force à une mauvaise habitude en évitant tout ce qui l'a occasionnée ou stimulée, sans toutefois vous concentrer sur elle, dans votre zèle à vous en défaire. Détournez ensuite l'esprit vers une bonne habitude et cultivez-la assidûment jusqu'à ce qu'elle fasse partie intégrante de vous-même.

❖ ❖ ❖

Il faut du temps pour que s'installe une habitude, même mauvaise, alors pourquoi vous montrer

impatient de voir grandir la bonne habitude à lui op-
poser ? Ne désespérez pas de voir un jour disparaître
vos habitudes indésirables ; cessez simplement de les
nourrir, c'est-à-dire de les fortifier par la répétition. Le
temps nécessaire à la formation des habitudes varie selon le système nerveux et le cerveau de chacun ; il est
principalement déterminé par la qualité de l'attention.

❖ ❖ ❖

Une attention profonde, entraînée à la concentration, a le pouvoir d'installer n'importe quelle habitude
– c'est-à-dire de graver de nouveaux schémas dans le
cerveau – presque instantanément et à volonté.

❖ ❖ ❖

Quand vous souhaitez former une bonne habitude ou en détruire une mauvaise, concentrez-vous sur
les cellules cérébrales, l'entrepôt des mécanismes de
l'habitude. Pour former une bonne habitude, méditez,
puis en étant profondément concentré sur le Centre
christique – le centre de la volonté entre les sourcils –
affirmez avec force la bonne habitude que vous voulez
créer en vous. De même, si vous souhaitez détruire
une mauvaise habitude, concentrez-vous sur le Centre
christique et affirmez avec force que tous les sillons
creusés par cette mauvaise habitude ont été effacés.

❖ ❖ ❖

Grâce à la concentration et à la force de la volonté,
vous pouvez même effacer des sillons très profonds,
creusés par de vieilles habitudes. Si, par exemple,
vous êtes fumeur, dites-vous : « L'habitude de fumer
est ancrée dans mon cerveau depuis longtemps. Je
dirige maintenant toute mon attention et toute ma

concentration vers mon cerveau et j'ordonne que cette habitude y soit délogée. » Commandez ainsi votre esprit sans relâche. Le moment le plus propice à cette opération est le matin, car l'attention et la volonté sont fraîches et disposes. Affirmez votre liberté de façon répétée, en mobilisant toute la force de volonté dont vous disposez. Et un jour, vous découvrirez soudain que vous n'êtes plus du tout esclave de cette habitude.

❖ ❖ ❖

Si vous souhaitez vraiment vous défaire des mauvaises habitudes qui vous gouvernent actuellement, vous n'avez pas de plus grand recours que la méditation. Chaque fois que vous méditez profondément sur Dieu, des changements bénéfiques s'opèrent dans votre schéma cérébral.

❖ ❖ ❖

Méditez sur la pensée suivante : « Mon Père et moi sommes Un », en essayant de ressentir une grande paix en vous, puis une grande joie dans votre cœur. Quand cette joie se manifeste, affirmez : « Père, Tu es avec moi. Je commande à Ton pouvoir qui est en moi de cautériser les cellules cérébrales de mes mauvaises habitudes et des tendances nuisibles formées dans le passé. » Le pouvoir de Dieu éveillé dans la méditation s'exécutera. Libérez-vous de la conscience restrictive de n'être qu'un homme ou qu'une femme ; *sachez* que vous êtes l'enfant de Dieu. Puis, affirmez mentalement et priez Dieu ainsi : « Je commande à mes cellules cérébrales de changer, de détruire les sillons creusés par les mauvaises habitudes qui ont fait de moi une marionnette. Seigneur, consume-les dans Ta lumière divine. »

❖ ❖ ❖

Supposez que votre problème est d'être sujet à de fréquentes colères, suivies du remords d'avoir perdu votre calme. Décidez matin et soir d'éviter toute colère, puis surveillez-vous attentivement. Le premier jour peut être difficile, mais le deuxième sera un peu plus facile et le troisième encore plus. Après quelques jours, vous vous rendrez compte que la victoire est possible. Dans un an, si vous poursuivez vos efforts, vous serez une autre personne.

PRIÈRE POUR LA SAGESSE ET LE DISCERNEMENT

Accorde-moi la sagesse de suivre joyeusement la voie de la droiture. Puissé-je développer la faculté de discernement propre à l'âme, qui détecte le mal, même dans ses formes les plus subtiles, et me guide dans l'humble voie de la bonté.

AFFIRMATION POUR DÉTRUIRE LES MAUVAISES HABITUDES

[À l'issue de l'une de ses conférences publiques sur la maîtrise des habitudes, Paramahansa Yogananda s'adressa à son auditoire en ces termes :]

Fermez les yeux et pensez à une mauvaise habitude dont vous voulez vous défaire... Affirmez avec moi : « Je suis maintenant libéré de cette habitude ! Je suis libre ! » Accrochez-vous à cette pensée de liberté et oubliez la mauvaise habitude.

Répétez après moi : « Je remodèlerai ma conscience. En cette nouvelle année, je suis une nouvelle personne. Et je changerai sans cesse ma conscience jusqu'à ce que j'aie dissipé toutes les ténèbres de l'ignorance et manifesté en retour la lumière éclatante de l'Esprit à l'image duquel j'ai été créé. »

PRIÈRE

Ô Maître divin, puissé-je prendre conscience que même si les ténèbres de mon ignorance règnent depuis longtemps, elles se dissiperont au premier rayon de Ta lumière, comme si elles n'avaient jamais existé.

CHAPITRE 9

Le bonheur

Si vous avez abandonné l'espoir d'être un jour heureux, courage ! Ne désespérez jamais. Votre âme, reflet de l'Esprit éternellement joyeux, est en soi le bonheur même.

❖ ❖ ❖

Si c'est au bonheur que vous aspirez, soyez heureux ! Rien ne peut vous arrêter.

Développer un état d'esprit positif

Le bonheur dépend dans une certaine mesure de conditions extérieures, mais surtout d'une manière de penser.

❖ ❖ ❖

Les circonstances ne sont par essence ni bonnes ni mauvaises ; elles sont toujours neutres. En fait les circonstances ne paraissent déprimantes ou encourageantes qu'en fonction de l'état d'esprit triste ou gai de la personne qui les vit.

❖ ❖ ❖

Changez vos pensées si vous voulez changer les circonstances de votre vie. Du fait que vous seul êtes responsable de vos pensées, vous seul avez le pouvoir de les changer. Cette réforme mentale s'impose quand on réalise que chaque pensée est créatrice et cela en fonction de sa propre nature. N'oubliez pas la pérennité de cette loi, n'oubliez pas que vous reflétez la nature des pensées que vous entretenez habituellement. Commencez donc dès maintenant à ne nourrir que des pensées propices au bonheur et à la santé.

❖ ❖ ❖

L'homme doit comprendre que sa propre intelligence gouverne les atomes de son corps. Il ne doit pas se confiner dans l'étroitesse de ses pensées. Respirez l'air frais des opinions et des idées vitales des autres. Bannissez toutes les pensées de découragement, de mécontentement et de désespoir qui agissent comme un poison. Que votre esprit se désaltère et se nourrisse de la vitalité des idées matériellement et spirituellement innovantes. Savourez sans modération la créativité mentale qui se trouve en vous et chez les autres. Promenez-vous longuement par la pensée sur le sentier de la confiance en soi et utilisez comme instruments le discernement, l'introspection et l'initiative.

❖ ❖ ❖

L'esprit, c'est-à-dire le cerveau, les sentiments et la perception de toute cellule vivante, peut garder le corps humain dans un état de vitalité ou d'abattement. Tel un roi, l'esprit règne sur tous ses sujets, les cellules, qui obéissent à ses humeurs royales. Tout comme nous nous intéressons à la valeur nutritive de nos menus quotidiens, nous devons surveiller l'apport nutritif des repas psychologiques que nous servons chaque jour à notre esprit.

❖ ❖ ❖

Si vous affirmez constamment l'existence du chagrin, il existera. Niez-en la pensée et il cessera d'être.

Cette affirmation du Soi est ce que j'appelle le héros en l'être humain. Il constitue sa nature divine ou essentielle. Pour s'affranchir du chagrin, l'homme doit revendiquer dans ses activités quotidiennes le Soi héroïque qui lui est inhérent.

❖ ❖ ❖

Si vous ne choisissez pas d'être heureux, personne ne peut vous rendre heureux. Mais dans ce cas, ne vous en prenez pas à Dieu ! Et si vous choisissez d'être heureux, personne ne peut vous rendre malheureux. Si Dieu ne nous avait pas donné la liberté d'utiliser notre propre volonté, nous pourrions L'accuser de nos malheurs, mais Il nous a donné cette liberté. C'est nous-mêmes qui faisons de notre vie ce qu'elle est.

❖ ❖ ❖

Souvent nous continuons à souffrir sans faire l'effort de changer ; c'est pourquoi nous ne trouvons pas une paix et une satisfaction durables. Si nous faisions l'effort de persévérer, nous serions certainement capables de surmonter toute difficulté. Un effort conscient est nécessaire pour passer de la tristesse au bonheur et de l'abattement au courage.

❖ ❖ ❖

Le chagrin prend racine dans le manque d'héroïsme et de courage caractérisant l'homme moyen. Si l'élément héroïque est absent de la structure mentale d'une personne, son esprit devient sensible à la moindre menace de chagrin passager.

❖ ❖ ❖

Les gens de caractère sont généralement les plus heureux. Ils ne reprochent pas aux autres les problèmes qui découlent, pour la plupart, de leurs propres actions ou de leur manque de compréhension. Ils savent que personne n'a le pouvoir de les combler de bonheur ni de les en détourner, à moins que, par faiblesse, ils ne permettent aux pensées indésirables et aux actions maléfiques d'autrui de les affecter.

❖ ❖ ❖

Tant que l'homme a conscience du conquérant qui est en lui, aucun chagrin ne peut jeter d'ombre sur le seuil de son cœur... Éveillez le vainqueur qui est à l'intérieur de vous-même, secouez le héros qui sommeille en vous et vous verrez qu'aucune souffrance ne pourra plus vous accabler.

❖ ❖ ❖

Votre bonheur suprême réside dans le fait d'être toujours désireux d'apprendre et disposé à bien vous conduire. Plus vous progresserez personnellement, plus vous inspirerez ceux qui vous entourent. Celui qui se réforme voit son bonheur grandir. Et plus vous deviendrez heureux, plus les gens autour de vous seront heureux.

❖ ❖ ❖

Évitez d'adopter une vision négative de la vie. Pourquoi fixer votre regard sur les égouts quand vous êtes entourés de beauté ? On peut trouver des imperfections même dans les plus grands chefs-d'œuvre artistiques, musicaux et littéraires. N'est-il pas cependant préférable d'en apprécier l'attrait et la splendeur ?

❖ ❖ ❖

Presque tout le monde connaît cette image représentant trois petits singes qui illustrent la maxime : « Ne vois aucun mal, n'entends aucun mal, ne parle d'aucun mal. » J'insiste quant à moi sur son côté positif : « Vois ce qui est bien, entends ce qui est bien et parle de ce qui est bien. »

❖ ❖ ❖

Le bien et le mal, le positif et le négatif, coexistent en ce monde. Dans leur effort de conserver une conscience positive, de nombreuses personnes ont une crainte déraisonnable des pensées négatives. Il est vain de nier l'existence des pensées négatives, mais vous ne devriez pas pour autant les craindre. Analysez avec discernement toutes les pensées pernicieuses, puis éliminez-les !

❖ ❖ ❖

La vie a un côté brillant et un côté sombre car le monde de la relativité se compose d'ombres et de lumières. Si vous laissez le mal habiter vos pensées, vous vous enlaidirez. Ne recherchez que le bien en tout, de façon à absorber cette qualité qu'est la beauté.

❖ ❖ ❖

Le fait de lire, de s'imprégner et de répéter attentivement des vérités contribue à éliminer la négativité et à édifier un esprit positif. Répétez vos prières et vos affirmations avec une concentration profonde jusqu'à instaurer une habitude mentale et jusqu'à ce qu'il soit aussi naturel pour vous de penser correctement qu'il l'était de penser négativement.

Se délivrer des humeurs négatives

La joie éternelle de Dieu, inhérente à l'âme, est indestructible. De même son expression mentale est indestructible si l'on sait comment se maintenir dans cette humeur et si l'on refuse délibérément de changer d'attitude pour nourrir des humeurs moroses.

❖ ❖ ❖

Vous êtes fait à l'image de Dieu, il faut vous conduire comme un dieu. Mais qu'arrive-t-il ? Vous vous emportez dès le matin en vous plaignant que « le café est froid ». Quelle importance ? Pourquoi être perturbé par un tel incident ? Adoptez l'égalité d'humeur, état dans lequel vous êtes d'un calme absolu, à l'abri de toute colère. C'est ce à quoi vous aspirez. Ne laissez rien ni personne « vous faire sortir de vos gonds ». Vos « gonds », c'est votre paix intérieure. Que rien ne vienne la perturber !

❖ ❖ ❖

Élevez-vous au-dessus des petitesses de la vie, des petites choses qui vous dérangent.

❖ ❖ ❖

Personne *n'aime* la souffrance. Pourquoi ne pas vous analyser la prochaine fois que vous êtes d'humeur chagrine ? Vous verrez l'obstination et l'entêtement que vous mettez à vous rendre malheureux. Et par là même, ceux qui vous entourent subissent le désagrément de votre état d'esprit... Il faut effacer la morosité de votre miroir mental.

❖ ❖ ❖

Considérez votre esprit comme un jardin et faites-y pousser de belles et fragrantes pensées divines ; ne le laissez pas se transformer en une mare boueuse qui dégage des humeurs haineuses et malodorantes. Si vous cultivez des fleurs au parfum céleste de la paix et de l'amour, la Conscience Christique [1], telle une abeille, se faufilera dans votre jardin pour les butiner. Tout comme l'abeille ne butine que les fleurs à saveur de nectar, Dieu ne visite que ceux dont la vie sécrète des pensées douces comme le miel.

❖ ❖ ❖

Chaque type d'humeur a une origine particulière qui réside dans l'esprit.

❖ ❖ ❖

Il faut, chaque jour, recourir à l'introspection pour comprendre la nature de nos humeurs et les redresser si elles sont pernicieuses. Peut-être vous trouvez-vous dans cet état d'esprit qu'est l'indifférence. Aucune suggestion ne vous intéresse. Il faut alors faire l'effort conscient de susciter en vous un quelconque intérêt positif. Méfiez-vous de l'indifférence qui sclérose vos progrès dans la vie en paralysant votre force de volonté.

Peut-être encore êtes-vous découragé à cause d'une maladie ; vous avez l'impression que vous ne recouvrerez jamais la santé. Il faut essayer d'appliquer les lois de l'art de vivre correctement qui conduisent à une vie saine, active et morale, et prier pour avoir une foi plus grande dans le pouvoir de guérison de Dieu.

D'autre part, peut-être êtes-vous convaincu que

[1] Conscience de Dieu, omniprésente dans la création. Voir le glossaire.

votre vie est un échec et que vous ne réussirez jamais en rien. Analysez le problème et voyez si vous avez vraiment fait tous les efforts possibles.

❖ ❖ ❖

Vous pouvez vaincre vos humeurs négatives, si exécrables soient-elles. Prenez la décision de ne plus être maussade, et si la morosité vous gagne malgré vous, analysez-en la cause et remédiez-y par des mesures constructives.

❖ ❖ ❖

La créativité mentale [1] est le meilleur antidote aux humeurs négatives. Ces humeurs exercent leur emprise sur votre conscience quand vous êtes dans un état d'esprit négatif ou passif. Il n'y a pas de moment plus propice aux humeurs négatives que celui où l'esprit est oisif ; c'est à ce moment-là que le diable exerce son influence sur vous. Développez donc votre créativité mentale. Dans les moments d'inactivité physique, occupez l'esprit à des activités créatives. Restez mentalement si occupé que vous n'avez pas le temps de vous abandonner aux humeurs négatives.

❖ ❖ ❖

Lorsque vous pensez de façon créative, vous n'êtes conscient ni de votre corps ni de vos états d'âme ; vous êtes en parfait accord avec l'Esprit. L'intelligence humaine est faite à l'image de l'intelligence créatrice de Dieu grâce à laquelle tout est possible ; si nous ne vivons pas dans cette conscience, nous devenons un

[1] Voir aussi de la page 69 à la page 72.

« paquet » d'humeurs négatives. La créativité mentale permet de détruire ces humeurs.

❖ ❖ ❖

Souvenez-vous que lorsque vous êtes malheureux, c'est généralement parce que vous ne visualisez pas avec suffisamment d'intensité les grands projets que vous souhaitez réaliser dans la vie, et que vous n'utilisez pas avec suffisamment de persévérance votre force de volonté, votre créativité et votre patience jusqu'à ce que vos rêves se matérialisent.

❖ ❖ ❖

Appliquez-vous à faire des choses constructives, pour votre évolution personnelle et pour le bénéfice des autres, car quiconque désire entrer dans le royaume de Dieu doit aussi s'évertuer à faire quotidiennement du bien autour de lui. Si vous suivez ce modèle, vos humeurs négatives se dissiperont dans la joie de voir vos progrès tant sur le plan mental que physique et spirituel.

Rendre service aux autres

Le bonheur consiste à rendre les autres heureux, à renoncer à ses propres intérêts pour apporter la joie à autrui.

❖ ❖ ❖

Procurer du bonheur aux autres est d'une importance capitale pour notre propre bonheur, car c'est une expérience qui nous comble de satisfaction. Certaines personnes ne pensent qu'à leur propre famille : « Nous quatre et c'est tout. » D'autres ne pensent qu'à eux :

« Comment puis-je, *moi*, être heureux ? » Ce sont précisément ces gens-là qui ne trouvent pas le bonheur !

❖ ❖ ❖

Vivre pour soi-même est la source de toutes les souffrances.

❖ ❖ ❖

C'est en rendant service aux autres sur le plan spirituel, mental et matériel que vous verrez vos propres besoins satisfaits. Quand, en rendant service aux autres, vous oublierez le petit soi, vous vous rendrez compte que, sans l'avoir recherché, la coupe de votre propre bonheur est pleine.

❖ ❖ ❖

À votre arrivée en ce monde, vous avez pleuré et tout le monde a souri. Vivez votre vie de façon à partir avec le sourire tandis que tout le monde vous pleurera.

❖ ❖ ❖

Plus vous méditerez profondément et plus vous serez désireux de rendre service, plus vous serez heureux.

Créer les conditions intérieures du bonheur

Apprenez à créer en vous toutes les conditions du bonheur en méditant et en mettant votre conscience à l'unisson de la Joie éternellement présente, consciente et nouvelle qu'est Dieu. Votre bonheur ne doit jamais être soumis aux influences extérieures. Quel que soit votre environnement, ne le laissez pas affecter votre paix intérieure.

❖ ❖ ❖

Quand vous aurez acquis la maîtrise de vos sentiments, vous demeurerez dans l'état qui vous est propre : L'état véritable du Soi – l'âme – est félicité, sagesse, amour et paix. C'est un état si heureux que, peu importe ce que vous faites, vous êtes content de le faire. N'est-il pas préférable d'être dans cet état plutôt que de traverser la vie aveuglément comme un diable agité et toujours insatisfait ? Centré sur le Soi véritable, vous exécutez chaque tâche et savourez toutes les bonnes choses de la vie avec au cœur la joie de Dieu. Comblé de Sa félicité enivrante, vous accomplissez joyeusement toute action.

❖ ❖ ❖

Dans la vie spirituelle, on devient comme un petit enfant : sans ressentiment ni attachement, plein de vie et de joie.

❖ ❖ ❖

Le vrai bonheur peut résister aux défis lancés par toutes les expériences extérieures. Quand vous pourrez supporter d'être crucifié par le mal que les autres vous font et donner en retour amour et pardon, et quand vous saurez garder intacte votre divine paix intérieure malgré les coups douloureux des circonstances extérieures, vous connaîtrez alors le bonheur dont je parle.

❖ ❖ ❖

Pénétrez dans le silence et le calme de la méditation pendant au moins une demi-heure (ou plus de préférence) avant de vous retirer chaque soir, et le matin avant de commencer les activités de la journée. Vous créerez ainsi une habitude solide et inébranlable de bonheur intérieur qui vous permettra d'affronter toutes les pénibles épreuves inhérentes à la bataille quotidienne de la vie. Imprégné de ce bonheur immuable, cherchez à répondre aux exigences de vos besoins journaliers.

❖ ❖ ❖

Si vous fermez les yeux de votre concentration, vous ne percevrez pas le bonheur briller en vous comme un soleil radieux ; mais quel que soit votre acharnement à garder les yeux de votre attention fermés, le fait est que néanmoins les rayons de bonheur tentent sans cesse de percer les portes closes de votre esprit. Ouvrez la fenêtre du calme et vous découvrirez la joie qui éclate soudainement dans votre Soi véritable, tel un soleil éblouissant.

❖ ❖ ❖

Si vous intériorisez votre attention, vous percevrez les joyeux rayons de l'âme. Ces perceptions vous parviendront si vous vous entraînez mentalement à admirer le panorama des pensées défilant dans le royaume invisible et intangible qui est en vous. Ne recherchez pas le bonheur uniquement dans les beaux habits, les maisons bien tenues, la bonne chère, les coussins moelleux et le luxe. Ces éléments emprisonnent votre bonheur derrière les barreaux de l'apparence et du monde extérieur.

❖ ❖ ❖

J'apprécie tous les présents que Dieu me fait, mais ils ne me manquent pas quand je ne les ai plus. On m'a un jour donné un magnifique manteau assorti d'un chapeau – un ensemble très coûteux. Mes soucis commencèrent alors. Je devais faire attention à ne pas le déchirer ni à le salir, ce qui me rendait mal à l'aise. Je m'adressai ainsi à Dieu : « Seigneur, pourquoi m'avoir donné tout ce tracas ? » Un jour, je devais faire une conférence à Trinity Hall, ici, à Los Angeles. Une fois arrivé, alors que je commençai à ôter mon manteau, le Seigneur me dit : « Enlève de tes poches tous tes objets personnels », ce que je fis. Quand je revins au vestiaire après la conférence, le manteau avait disparu. J'étais en colère et quelqu'un me dit : « Ne vous en faites pas, nous allons vous en procurer un autre. » Je répondis : « Je ne suis pas fâché parce que j'ai perdu mon manteau, mais parce que celui qui l'a pris n'a pas emporté le chapeau qui va avec ! »

Ne vous laissez pas gouverner par vos sentiments. Comment pouvez-vous être heureux si vous vous inquiétez tout le temps de vos vêtements ou de vos autres possessions ? Habillez-vous avec soin et propreté, puis oubliez vos vêtements. Nettoyez votre maison et n'y pensez plus.

❖ ❖ ❖

Plus votre bonheur dépendra des conditions extérieures, moins vous éprouverez de bonheur intérieurement.

❖ ❖ ❖

Si vous pensez pouvoir vivre heureux en oubliant Dieu, vous vous trompez car vous pleurerez sans cesse de solitude jusqu'à ce que vous réalisiez que Dieu est tout en tout : l'unique réalité de l'univers. Vous êtes fait à Son image. Vous ne pourrez jamais trouver de bonheur durable en *aucune chose* car rien n'est parfait sauf Dieu.

❖ ❖ ❖

Aucun mot ne peut décrire le bonheur parfait que j'éprouve dans la communion avec le Seigneur. Je suis jour et nuit dans un état de joie. Cette joie est Dieu. Le connaître, c'est faire le deuil de tous vos chagrins. Il ne vous demande pas d'être stoïque ou morose. Ce n'est pas une conception correcte de Dieu, ni la façon de Lui plaire. Sans être heureux, vous ne pourrez même pas Le trouver... Plus vous serez heureux, plus vous serez en accord parfait avec Lui. Ceux qui Le connaissent sont toujours heureux car Dieu est la joie même.

AFFIRMATIONS

Dès l'aube je répandrai ma bonne humeur sur tous ceux que je rencontrerai. Je serai un rayon de soleil mental pour tous ceux qui croiseront mon chemin aujourd'hui.

❖ ❖ ❖

Je forme de nouvelles habitudes mentales en percevant le bien partout et en considérant toute chose comme la manifestation de l'idée parfaite de Dieu.

❖ ❖ ❖

Je suis déterminé à trouver le bonheur en moi dès maintenant et ici-même.

CHAPITRE 10

Des relations humaines harmonieuses

Le plus grand des bonheurs, après le bonheur divin, est d'être en paix avec ses proches, avec ceux que nous devons côtoyer chaque jour de l'année. Quand on tente de gérer, sans formation préalable, le mécanisme extrêmement compliqué des sentiments humains, les résultats qui s'ensuivent sont souvent désastreux. Rares sont ceux qui réalisent que la plus grande part de notre bonheur réside dans l'art de comprendre les lois du comportement humain. C'est pourquoi tant de gens sont souvent brouillés avec leurs amis ou, pire encore, en guerre constante avec les êtres qui leur sont les plus chers, au sein même de leur foyer.

Gérer des relations inharmonieuses

S'efforcer de s'améliorer soi-même est la loi fondamentale d'un bon comportement humain... Chaque fois que nous avons des problèmes avec nos amis ou avec ceux que nous aimons, nous devons endosser intérieurement la responsabilité de nous être mis dans une situation désagréable. Puis nous devons essayer d'en sortir aussi vite et aussi élégamment que possible. Il est vain d'attiser la discorde en accusant les autres à grands cris, de façon impolie et malveillante, même si nous pensons qu'ils ont tort. Les êtres qui nous sont chers et qui s'emportent facilement apprendront cent fois mieux à corriger leurs défauts si nous leur montrons le bon exemple plutôt que de leur tenir des propos durs et intolérants.

❖ ❖ ❖

Toute dispute engage au moins deux parties. Personne ne peut donc se quereller avec vous si vous refusez de participer.

❖ ❖ ❖

Lorsque des propos blessants vous sont adressés, gardez le silence ou dites : « Je suis désolé si j'ai fait quoi que ce soit qui ait pu vous offenser », puis gardez le silence.

❖ ❖ ❖

L'être spirituel vainc la colère par le calme, enraye les querelles en gardant le silence, dissipe la discorde par des paroles bienveillantes et triomphe de l'impolitesse en faisant preuve de prévenance envers les autres.

❖ ❖ ❖

Il n'est pas d'acte plus libérateur que de répondre sincèrement à la méchanceté par la gentillesse.

❖ ❖ ❖

Ne soyez jamais désagréable. N'ayez de rancœur contre personne. Je préfère certains pécheurs au bon cœur à certaines personnes soi-disant vertueuses qui sont fanatiques et sans compassion. Être spirituel consiste à avoir l'esprit large, à comprendre, à pardonner et à être l'ami de tous.

❖ ❖ ❖

Le gouvernement romain tout entier n'a pu faire naître chez le Christ la moindre méchanceté. Même pour ceux qui le crucifièrent, il pria : « Père, pardonne-leur, car ils ne savent pas ce qu'ils font [1]. »

❖ ❖ ❖

La politesse du cœur, la courtoisie sincère et la bienveillance sont les véritables remèdes à toute mauvaise conduite.

❖ ❖ ❖

La plupart du temps les gens parlent et agissent de leur propre point de vue, sans voir ni même essayer de considérer le point de vue de l'autre personne. Si un malentendu vous conduit à vous disputer avec quelqu'un, sachez que vous êtes aussi responsables l'un que l'autre, peu importe qui est l'instigateur de la dispute. « Les sots se disputent, les sages discutent. »

❖ ❖ ❖

Être serein ne signifie pas acquiescer à tout, en toutes circonstances, avec le sourire – ni connaître la vérité sans toutefois vouloir contrarier qui que ce soit en l'exprimant. Ce serait aller à l'extrême. Ceux qui essaient ainsi de faire plaisir à tout le monde, avec le désir d'être loués pour leur bonne nature, ne sont pas nécessairement maîtres de leurs sentiments... Celui qui maîtrise ses sentiments suit la vérité, la partage quand il peut et évite d'ennuyer inutilement ceux qui, de toute façon, ne seraient pas réceptifs. Il sait quand parler et quand se taire, mais ne compromet jamais ses propres idéaux ni sa paix intérieure. Une telle personne est une force de vertu en ce monde.

❖ ❖ ❖

[1] Luc 23 : 34.

Montrez-vous agréable en vous parant des beaux atours d'un langage sincère et courtois. Il nous faut avant tout faire preuve de courtoisie envers nos proches. Quand on y parvient, on s'habitue à être cordial envers tout le monde. Le vrai bonheur familial repose sur l'autel de la compréhension et des paroles bienveillantes. Il n'est pas nécessaire d'acquiescer à tout pour être aimable. Un silence serein, une sincérité authentique et un parler courtois, que l'on soit d'accord ou non avec les autres, sont la marque des gens qui savent se conduire.

❖ ❖ ❖

Si vous voulez être aimé, commencez par aimer ceux qui ont besoin de votre amour... Si vous voulez éveiller la compassion des autres envers vous, commencez par en témoigner à ceux qui vous entourent. Si vous voulez être respecté, vous devez apprendre à respecter tout le monde, les jeunes comme les aînés... Incarnez d'abord les qualités que vous recherchez chez les autres et vous verrez qu'ils réagiront de même envers vous.

Développer une personnalité harmonieuse

Soyez d'une amabilité sincère avec autrui. Ne soyez jamais « grincheux ». Vous n'avez pas besoin de rire bruyamment comme une hyène, mais ne faites pas la tête non plus. Soyez souriant, sympathique et bienveillant. Cependant, feindre de sourire lorsque vous êtes en colère ou que vous ressentez de la rancune est de l'hypocrisie. Si vous voulez être sympathique, soyez sincère. La sincérité est une qualité de l'âme que Dieu a donné à tout être humain, mais tous ne l'expriment pas. Faites avant tout preuve d'humilité. Bien que vous puissiez jouir d'une admirable force intérieure, n'écrasez pas les autres par votre puissante nature. Soyez calme et respectueux envers autrui. C'est ainsi que l'on développe un magnétisme agréable.

❖ ❖ ❖

N'essayez pas de sympathiser avec les autres en adoptant une attitude maniérée. Soyez simplement aimable, toujours prêt à rendre service et imprégnez-vous de communion divine – vous vivrez alors en bonne intelligence avec tous ceux qui vous entourent.

❖ ❖ ❖

Dans toute relation humaine, il est crucial de reconnaître et d'apprécier les caractéristiques que les autres se sont forgées. Si vous étudiez les gens avec un esprit ouvert, vous pourrez mieux les comprendre et serez ainsi capable de bien vous entendre avec eux. Vous saurez instantanément à qui vous avez affaire et comment agir. Ne parlez pas de courses de chevaux à un philosophe ou de ménage à un homme de science. Essayez de discerner ce qui intéresse votre interlocuteur et discutez-en avec lui. Ne parlez pas forcément de ce qui vous intéresse personnellement.

❖ ❖ ❖

Quand vous discutez avec quelqu'un, ne parlez pas trop de vous. Essayez d'aborder un sujet qui intéresse votre interlocuteur. Et écoutez-le. C'est ainsi que l'on se rend sympathique. Vous verrez combien votre présence sera recherchée.

❖ ❖ ❖

Tout complexe d'infériorité naît de l'intime conviction de posséder une faiblesse réelle ou imaginaire. En s'efforçant de compenser une telle faiblesse, la personne peut se construire une armure de faux orgueil et afficher un ego exacerbé. Ceux qui ne comprennent pas la cause réelle d'une telle attitude diront alors que cette personne a un complexe de supériorité. Dans un cas comme dans l'autre, ces manifestations d'un manque d'harmonie intérieure sont nuisibles à l'évolution personnelle. Elles sont toutes deux créées par l'imagination et l'ignorance des faits et n'appartiennent aucunement à la nature véritable et toute-puissante de l'âme. Fondez votre confiance en vous sur des accomplissements réels et sur la certitude que le véritable Soi (l'âme) ne peut jamais être « inférieur » d'aucune façon ; vous serez alors libéré de tout complexe.

❖ ❖ ❖

Si l'on vous trouve généralement antipathique, analysez-vous. Votre caractère peut comporter certains traits qui font fuir les autres. Vous êtes peut-être trop bavard ou bien vous vous mêlez toujours de ce qui ne vous regarde pas, ou encore vous avez l'habitude de souligner les défauts des autres et de leur dire comment ils doivent se comporter dans la vie ; en revanche, vous n'acceptez aucune suggestion pour vous améliorer. Ce sont là des exemples de caractéristiques psychologiques qui nous rendent antipathiques aux yeux des autres.

❖ ❖ ❖

La prévenance est une merveilleuse qualité, le plus grand attrait dont vous pouvez disposer. Mettez-la en pratique ! Si quelqu'un a soif, une personne attentionnée anticipera ses besoins et lui offrira à boire. Être prévenant signifie avoir conscience des autres et être plein d'attentions à leur égard. Une personne prévenante percevra intuitivement les besoins de ceux qui sont en sa compagnie.

❖ ❖ ❖

Faites preuve de prévenance et de bienveillance jusqu'à devenir comme une belle fleur, ravissante aux yeux de tous. Ayez la grâce de la fleur et le charme d'un esprit pur. Quand vous plairez ainsi, vous aurez toujours de vrais amis. Vous serez aimé aussi bien de Dieu que des hommes.

Surmonter les émotions négatives

Vous récoltez tout ce que vous semez. Haïssez et vous recevrez de la haine en retour. Lorsque vous vous laissez envahir par des pensées et des émotions inharmonieuses, vous vous détruisez vous-même. Pourquoi haïr ou être en colère contre quiconque ? Aimez vos ennemis. Pourquoi bouillir de colère ? Si l'exaspération vous gagne, reprenez-vous immédiatement. Allez vous promener, comptez jusqu'à dix ou quinze ou changez-vous les idées en évoquant des pensées agréables. Abandonnez tout désir de revanche. Quand vous êtes en colère, votre cerveau s'échauffe, votre cœur est affecté au niveau des artères et votre corps tout entier se dévitalise. Manifestez la paix et la bonté qui représentent l'essence de l'image de Dieu en vous – votre véritable nature. Personne ne pourra alors vous perturber.

❖ ❖ ❖

Chaque fois que vous êtes jaloux, vous êtes de connivence avec l'illusion cosmique de Satan [1]. Chaque fois que vous êtes en colère, c'est Satan qui vous guide... Quand la voix de la jalousie, de la peur ou de la colère s'élève, souvenez-vous que ce n'est pas votre voix et ordonnez-lui de se taire. Malgré tous vos efforts, vous ne parviendrez pas cependant à expulser ce mal tant que vous permettrez à ces sentiments négatifs de trouver refuge en votre esprit. Extirpez de votre être toute jalousie, crainte et colère afin qu'au lieu de succomber aux impulsions maléfiques de la haine et du mal, vous écoutiez en vous une autre voix plus puissante, celle de l'amour et du pardon. C'est *cette voix-là* qu'il faut écouter.

❖ ❖ ❖

La jalousie provient d'un complexe d'infériorité et s'exprime par le soupçon et la peur. Elle traduit la crainte de ne pouvoir conserver sa place dans les relations humaines, qu'elles soient de nature conjugale, filiale ou sociale. Si vous pensez que vous avez des raisons d'être jaloux, par exemple si vous craignez que celui ou celle que vous aimez transfère son affection sur quelqu'un d'autre, efforcez-vous d'abord de découvrir si vous avez des lacunes personnelles à combler. Améliorez-vous ; évoluez. La seule façon de retenir l'affection ou le respect de quelqu'un d'autre est d'appliquer la loi de l'amour et de mériter cette reconnaissance en s'améliorant soi-même... La plénitude réside dans le perfectionnement constant de soi, afin qu'au lieu de rechercher les autres, ce sont les autres qui vous recherchent.

[1] Voir *maya* dans le glossaire.

❖ ❖ ❖

Tout en vous efforçant de devenir meilleur, apprenez à ne dépendre que de vous-même, sûr de vos propres vertus et de votre mérite personnel. Si vous voulez inspirer de la confiance chez les autres, sachez que ce ne sont pas simplement vos paroles qui ont un impact, mais aussi votre nature et vos sentiments profonds – ce que recèle votre âme. Efforcez-vous toujours d'être un ange intérieurement, quelle que soit la conduite des autres. Soyez sincère, cordial, bienveillant et compréhensif.

❖ ❖ ❖

Quand quelqu'un vous aborde avec colère, restez maître de vous. Affirmez alors : « Je ne m'emporterai pas. Je continuerai à garder mon calme jusqu'à ce que ses sentiments changent. »

❖ ❖ ❖

Quand un être cher... met sérieusement notre patience à l'épreuve, il faut nous retirer dans un endroit tranquille, fermer la porte à clé, faire quelques exercices physiques et nous calmer de la façon suivante : S'asseoir sur une chaise, le dos bien droit ; inspirer et expirer lentement douze fois. Puis, répéter mentalement avec attention, dix fois ou plus, l'affirmation suivante : « Père, Tu es harmonie. Fais que je puisse refléter Ton harmonie. Rétablis aussi l'harmonie chez cet être cher qui est dans l'erreur. » Il faut répéter cette affirmation jusqu'à ressentir une profonde sérénité et une calme assurance, indiquant que Dieu nous a entendu et répondu.

❖ ❖ ❖

« Vos enseignements sur le contrôle des émotions ne sont-ils pas dangereux ? s'enquit, un jour, un étudiant. Nombre de psychologues avancent que le refoulement conduit à des déséquilibres mentaux, voire à des maux physiques. »

Paramahansa Yogananda répondit : « Le refoulement – désirer constamment quelque chose sans rien faire de constructif pour l'obtenir – est effectivement néfaste. La maîtrise de soi – remplacer patiemment des pensées négatives par des pensées positives, des actes répréhensibles par des actions salutaires – est, toutefois, bénéfique.

« Ceux qui se complaisent dans le mal se nuisent personnellement. Les hommes dont l'esprit est imprégné de sagesse et dont la vie est remplie d'actions constructives s'épargnent d'affreuses souffrances. »

❖ ❖ ❖

« La colère jaillit exclusivement des désirs contrariés [disait Sri Yukteswar]. Je n'attends rien des autres, par conséquent leurs actions ne peuvent contrecarrer mes propres désirs. »

❖ ❖ ❖

Si quelqu'un vous a profondément blessé, vous vous en souvenez. Mais au lieu de vous concentrer sur ce fait, il faut penser à toutes les bonnes qualités de la personne qui vous a offensé et à tous les bons côtés de votre vie. Ignorez les insultes des gens.

❖ ❖ ❖

Appliquez-vous à percevoir Dieu dans votre ennemi ; vous vous libérerez ainsi des désirs de vengeance maléfiques qui nuisent à la paix de l'esprit. Si vous accumulez la haine dans votre cœur ou si vous répondez à la haine par la haine, vous augmenterez non seulement l'hostilité de votre ennemi envers vous, mais vous empoisonnerez de votre propre venin votre système physique et émotionnel.

❖ ❖ ❖

Ne nourrissez en votre cœur que de l'amour pour votre prochain. Plus vous percevrez le bien qui est chez les autres, plus vous établirez le bien en vous-même. Restez dans la conscience du bien. C'est en percevant la vertu chez les gens que vous les rendrez vertueux. Ne les harcelez pas. Restez calme, serein, toujours maître de vous. Vous verrez alors à quel point il est facile d'avoir des relations harmonieuses.

❖ ❖ ❖

Purgez votre esprit de toute critique hostile envers autrui. Corrigez gentiment une personne réceptive par un regard ou une allusion, mais jamais de force, et n'entretenez pas de pensées critiques, même si vous restez silencieux.

❖ ❖ ❖

Les pensées s'avèrent parfois plus efficaces que les mots. L'esprit humain est l'appareil de radiodiffusion le plus puissant qui soit. Si vous émettez constamment des pensées positives avec amour, ces pensées agiront sur les autres. (De même, si vous diffusez de la haine et de la jalousie, les autres recevront ces pensées et réagiront en conséquence.) Demandez à Dieu de soutenir vos efforts avec Son pouvoir. Si, par exemple, un mari s'égare, sa femme devra prier Dieu ainsi : « Seigneur, aide-moi à aider mon mari. Élimine de mon cœur toute trace de jalousie et de rancœur. Ma seule prière est qu'il réalise son erreur et change. Seigneur, sois avec lui et bénis-moi afin que je puisse également jouer mon rôle. » Si votre communion avec Dieu est profonde, vous verrez se transformer la personne pour laquelle vous priez.

❖ ❖ ❖

Il est facile de rendre la pareille, mais faire preuve d'amour est la meilleure façon d'essayer de désarmer votre persécuteur. Même si, dans l'immédiat, cela ne semble pas efficace, il ne pourra jamais oublier que vous avez répondu à sa gifle par l'amour. Cet amour doit être sincère. Quand il vient du cœur, l'amour est magique. Cependant, vous ne devez pas en rechercher les effets : si votre amour est rejeté, n'y prêtez pas attention. Donnez votre amour et n'y pensez plus. Ne vous attendez à rien et vous constaterez des résultats magiques.

Le pardon

Le Dieu de certaines Écritures sacrées est une déité vindicative, toujours prête à nous punir. Mais Jésus nous a dévoilé la vraie nature de Dieu... Jésus n'a pas détruit ses ennemis en faisant appel à « douze légions d'anges [1] », mais il a surmonté le mal par la force de son amour divin. Ses actions ont mis en lumière l'amour suprême de Dieu et la conduite de ceux qui font un avec Lui.

---

[1] « Penses-tu que je ne puisse pas invoquer mon Père, qui me donnerait à l'instant plus de douze légions d'anges ? » (Matthieu 26 : 53.)

❖ ❖ ❖

« Il faut pardonner quel que soit le tort que l'on vous a fait, dit le *Mahabharata* [1]. Il a été dit que la survie des espèces est due au fait que l'homme soit capable de pardonner. Le pardon est sainteté ; le pardon maintient la cohésion de l'univers. Le pardon est la plus grande des puissances, le pardon est sacrifice ; le pardon est paix de l'esprit. Le pardon et la douceur sont les qualités caractérisant ceux qui sont maîtres d'eux-mêmes. Ils représentent la vertu éternelle. »

❖ ❖ ❖

« Alors Pierre s'approcha et lui dit : Seigneur, quand mon frère agit mal envers moi, combien de fois vais-je lui pardonner ? Jusqu'à sept fois ? Jésus répondit : Non pas jusqu'à sept fois, te dis-je, mais jusqu'à soixante-dix fois sept fois [2]. » J'ai profondément prié pour comprendre ce conseil intransigeant. « Seigneur, ai-je protesté, est-ce possible ? » Quand la Voix divine me répondit enfin, elle jeta sur moi un flot de lumière qui m'envahit d'humilité : « Combien de fois, ô Homme, est-ce que je pardonne à chacun de vous chaque jour ? »

❖ ❖ ❖

De même que Dieu nous pardonne sans cesse alors qu'Il connaît la moindre de nos [mauvaises] pensées, de même ceux qui sont en parfait accord avec Lui possèdent la même capacité d'aimer.

❖ ❖ ❖

[1] Célèbre Écriture épique de l'Inde, dont la Bhagavad Gita fait partie.
[2] Matthieu 18 : 21-22.

En vos cœurs doit naître la compassion qui soulage
le cœur d'autrui de tous les maux, cette compassion
qui permit à Jésus de dire : « Père, pardonne-leur car
ils ne savent pas ce qu'ils font [1]. » Son grand amour
s'étendait à tous. Il aurait pu, d'un regard, détruire ses
ennemis ; pourtant, tout comme Dieu nous pardonne
constamment bien qu'Il connaisse nos moindres mauvaises pensées, les grandes âmes, qui sont en parfait
accord avec Lui, nous vouent ce même amour.

❖ ❖ ❖

Si vous souhaitez développer en vous la Conscience
Christique [2], apprenez la compassion. Quand des
sentiments sincères envers les autres s'éveilleront
en vos cœurs, vous commencerez à manifester cette
conscience supérieure... Le Seigneur Krishna a dit :
« Celui qui considère d'un œil égal tous les hommes
est un yogi suprême [3]... »

❖ ❖ ❖

Si la colère et la haine ne nous apportent rien de
bon, l'amour au contraire nous récompense. Vous pouvez mettre quelqu'un à terre, mais une fois relevé, il
essaiera de vous détruire. Quelle victoire aurez-vous
alors obtenue ? Aucune. L'amour est la seule façon de
conquérir. Et quand vous ne pouvez vaincre, gardez
le silence ou éloignez-vous, et priez pour votre adversaire. C'est ainsi qu'il faut aimer. Si vous appliquez
ce principe dans votre vie, vous éprouverez une paix
intérieure au-delà de tout entendement.

[1] Luc 23 : 34.
[2] Conscience Universelle ; unité avec l'omniprésence de Dieu. Voir le glossaire.
[3] Bhagavad Gita VI : 9.

AFFIRMATIONS

*Je chercherai à faire plaisir à tout le monde
en agissant avec bienveillance et courtoisie, et
en m'efforçant sans cesse de dissiper tout malentendu que j'ai pu, consciemment ou non,
provoquer.*

❖ ❖ ❖

*Aujourd'hui, je pardonne à tous ceux qui
m'ont offensé. Je donne mon amour à tous les
cœurs assoiffés, à ceux qui m'aiment comme
à ceux qui ne m'aiment pas.*

CHAPITRE 11

*L'amour inconditionnel :
Le perfectionnement des
relations humaines*

Le monde, dans son ensemble, a oublié la véritable signification du mot *amour*. L'amour a fait l'objet de tant d'abus et a été tellement crucifié par l'homme que très peu de gens en connaissent la nature véritable. Telle l'huile dans l'olive, l'amour imprègne toute la création. Il est toutefois très difficile de définir l'amour, pour la même raison que les mots ne peuvent décrire parfaitement le goût d'une orange. Il faut goûter le fruit pour en apprécier la saveur. Il en est de même avec l'amour.

❖ ❖ ❖

Dans un sens universel, l'amour est la puissance d'attraction divine qui s'exerce dans la création pour harmoniser, unir, rassembler... Ceux qui vivent à l'unisson de la force attractive de l'amour parviennent à l'harmonie avec la nature et avec leurs semblables et aspirent à la réunion bienheureuse avec Dieu.

❖ ❖ ❖

« L'amour ordinaire est égoïste, secrètement enraciné dans les désirs et la recherche des satisfactions, [disait Sri Yukteswar]. L'amour divin est inconditionnel, illimité et immuable. Les fluctuations du cœur humain s'évanouissent à jamais au contact apaisant de l'amour pur. »

❖ ❖ ❖

De nombreux êtres humains vous disent « je t'aime » un jour et vous rejettent le lendemain. Ce n'est pas de l'amour. Les cœurs saturés d'amour divin ne peuvent volontairement blesser qui que ce soit. Quand vous aimez Dieu sans réserve, Il remplit votre cœur de Son amour inconditionnel à l'égard de tous. Aucune parole humaine ne peut décrire cet amour-là… L'homme ordinaire est incapable d'aimer les autres de cette façon. Imbu de sentiments égocentriques, il n'a pas encore découvert le Dieu omniprésent qui réside en lui et en tout être. Pour moi, il n'y a aucune différence entre une personne et une autre ; je perçois tous les êtres comme des âmes, reflets du seul et unique Dieu. Je ne peux considérer personne comme un étranger, car je sais que nous faisons tous partie de l'Esprit unique. Quand vous expérimenterez le véritable sens de la religion – à savoir connaître Dieu – vous réaliserez qu'Il est votre essence même, qu'Il existe de façon égale et impartiale en tout être. Vous pourrez alors aimer votre prochain comme vous-même [1].

❖ ❖ ❖

Dans la conscience de ceux qui sont immergés dans l'amour suprême de Dieu, il n'y a place pour aucune tromperie, aucune intolérance sociale ou religieuse, ni pour aucune barrière que ce soit. Lorsque vous ressentirez cet amour divin, vous ne percevrez aucune différence entre les fleurs et les animaux, entre un être humain ou un autre. Vous communierez

---

[1] « Tu aimeras le Seigneur, ton Dieu, de tout ton cœur, de toute ton âme, de toute ta force et de toute ta pensée ; et ton prochain comme toi-même. » (Luc 10 : 2.)

avec la nature entière et vous aimerez toute l'humanité d'un amour égal.

❖ ❖ ❖

La compassion envers tout être est indispensable pour atteindre la réalisation divine car Dieu Lui-même possède cette qualité en abondance. Ceux qui ont un cœur tendre peuvent se mettre à la place des autres, ressentir leurs souffrances et essayer de les soulager [1].

Équilibrer en soi les qualités masculines et féminines

La rivalité entre l'homme et la femme semble exister depuis toujours. Ils sont en fait égaux et aucun n'est supérieur à l'autre. Soyez fier de ce que vous êtes dans cette vie.

❖ ❖ ❖

« Dans le sommeil, vous ignorez si vous êtes un homme ou une femme [disait Sri Yukteswar]. Un homme a beau personnifier une femme, il n'en devient néanmoins pas une ; de même l'âme, personnifiant à la fois l'homme et la femme, reste inchangée, car elle est l'image immuable et absolue de Dieu. »

❖ ❖ ❖

Ne permettez pas à votre conscience de se sentir limitée par le fait d'être un homme ou une femme car vous êtes une âme faite à l'image de Dieu... Le plus

---

[1] Le Seigneur Krishna enseignait : « Le plus grand des yogis est celui qui ressent la peine ou la joie des autres comme s'il s'agissait de lui-même. » (Bhagavad Gita VI : 32.)

sage est de toujours se dire : « Je ne suis ni homme ni femme ; je suis Esprit. » Vous éliminerez ainsi la conscience limitative de chacune des deux tendances et épanouirez au mieux votre potentiel divin, que vous vous soyez incarné dans un homme ou dans une femme.

❖ ❖ ❖

Dieu est à la fois sagesse infinie et sensibilité infinie. Quand Il s'est manifesté dans la création, Dieu a donné à Sa sagesse l'aspect du père et Il a donné à Sa sensibilité l'aspect de la mère... Tous les pères et toutes les mères sont potentiellement dotés à la fois de la sagesse paternelle et de la tendresse maternelle de Dieu. Ils doivent perfectionner ces dons naturels... L'être humain spirituellement évolué développe en lui à la fois les qualités paternelles et les qualités maternelles.

❖ ❖ ❖

L'homme soutient que la femme est émotive et incapable de raisonner ; la femme se plaint que l'homme est insensible. Ils ont tort tous les deux. La femme peut raisonner, mais la sensibilité prédomine dans sa nature ; l'homme est sensible, mais chez lui, la raison est prédominante.

❖ ❖ ❖

Dieu a créé ces différences physiologiques et mentales afin d'établir une distinction entre l'homme et la femme. L'union spirituelle idéale entre eux a pour but de faire s'exprimer la sensibilité cachée chez l'homme et de développer le raisonnement caché chez la femme. Ils ont été conçus pour s'aider mutuellement à développer en eux les pures qualités divines d'une sensibilité parfaite et d'un raisonnement parfait.

❖ ❖ ❖

Chacun des deux sexes doit s'efforcer d'évoluer vers l'équilibre en cultivant une amitié et une compréhension mutuelles dont ils pourront tirer des leçons.

❖ ❖ ❖

Sans cette compréhension mutuelle de leur nature respective, l'homme et la femme se torturent par ignorance... Ils doivent chacun s'efforcer de trouver un équilibre intérieur entre la raison et la sensibilité et devenir ainsi une personne « complète », un être humain « perfectionné ».

❖ ❖ ❖

La communion avec Dieu permet de manifester l'harmonie ou l'équilibre de ces deux qualités en vous.

❖ ❖ ❖

Chez les grands saints, nous pouvons voir cohabiter idéalement les qualités masculines et féminines. Jésus incarnait cet idéal, ainsi que tous les maîtres. Lorsque vous aurez atteint ce parfait équilibre entre la raison et la sensibilité, vous aurez appris l'une des principales leçons pour lesquelles vous avez été envoyé ici-bas.

❖ ❖ ❖

L'humanité doit comprendre que la nature fondamentale de l'âme est spirituelle. Considérer l'autre sexe uniquement comme un moyen de satisfaire ses désirs charnels revient à détruire son propre bonheur : lentement et sûrement, la paix de l'esprit s'évanouira.

❖ ❖ ❖

L'homme doit s'efforcer de percevoir Dieu en la femme et de l'aider à épanouir sa nature spirituelle. Il doit lui faire sentir qu'elle est avec lui, non pas simplement pour assouvir son appétit sensuel, mais en tant que compagne qu'il respecte et considère comme une expression du Divin. Et la femme doit porter le même regard sur l'homme.

❖ ❖ ❖

Quand l'homme et la femme s'aiment d'un amour pur et véritable, il existe entre eux une harmonie absolue de corps, d'esprit et d'âme. Quand leur amour s'exprime dans sa forme la plus élevée, il en résulte une unité parfaite.

Le mariage

Deux personnes qui unissent leurs vies afin de s'aider mutuellement à évoluer vers la réalisation divine fondent leur mariage sur une base sûre : l'amitié inconditionnelle.

❖ ❖ ❖

Développer un amour pur et inconditionnel entre mari et femme, parent et enfant, ami et ami, entre soi et tous, est la leçon que nous sommes venus apprendre sur terre.

❖ ❖ ❖

Le vrai mariage est un laboratoire où les poisons de l'égoïsme, de la mauvaise humeur et des écarts de conduite peuvent être versés dans le tube à essai de la patience pour être ensuite neutralisés et transformés par le pouvoir catalytique de l'amour et de l'effort constant de se conduire noblement.

❖ ❖ ❖

Si votre conjoint manifeste une habitude ou un trait de caractère qui suscite en vous des réactions négatives, vous devez comprendre que cela vise à faire ressortir les poisons cachés en vous afin que vous puissiez les éliminer et purifier ainsi votre propre nature.

❖ ❖ ❖

La spiritualité est ce qu'un mari ou une femme peut souhaiter de mieux pour son conjoint, car l'épanouissement de l'âme fait ressortir la compréhension, la patience, la prévenance et l'amour qui sont des qualités divines. Cependant, chacun doit se souvenir que ce désir d'évolution spirituelle ne peut être imposé à l'autre. Vivez vous-même dans l'amour et votre bonté inspirera tous ceux que vous aimez.

❖ ❖ ❖

Sans garder à l'esprit le but suprême et véritable du mariage, les couples ne pourront jamais jouir d'une vie conjugale vraiment heureuse. Dans un mariage idéal, il faut s'interdire de laisser libre cours à tout excès de sexualité ou de familiarité, au manque de courtoisie, à la méfiance, aux paroles ou actes injurieux et à l'irritation ; il faut s'abstenir de se disputer devant les enfants ou les invités, et de décharger sa colère ou ses soucis sur son conjoint.

❖ ❖ ❖

La p*remière* condition essentielle pour un mariage heureux est l'harmonie des âmes, c'est-à-dire une affinité des buts et idéaux spirituels, accompagnée d'une volonté réelle de les atteindre grâce à l'étude, l'effort et l'autodiscipline. Les couples possédant cette harmonie spirituelle pourront réussir leur mariage, même en l'absence de tout autre condition désirable.

La *seconde* condition requise pour un mariage heureux est l'affinité de goûts – sur le plan intellectuel, social, de l'environnement, etc.

La *troisième*, de moindre importance (bien que généralement primordiale chez les gens peu éclairés), est l'attirance physique. Ce lien perd vite son pouvoir d'attraction en l'absence de l'une ou des deux conditions précédentes.

❖ ❖ ❖

Les gens qui veulent se marier doivent d'abord apprendre à maîtriser leurs émotions [1]. Deux personnes jetées dans l'arène du mariage sans cette formation préalable se battent plus violemment que des adversaires dans une guerre mondiale ! Les guerres, au moins, prennent fin après un certain temps, tandis que certains époux s'engagent dans un combat qui dure toute la vie. On pourrait penser que dans une société civilisée les gens savent comment s'entendre les uns avec les autres, mais rares sont les initiés à cet art. Un mariage doit être nourri d'idéaux élevés et

---

[1] Voir également page 135 et suivantes.

d'inspiration divine ; c'est alors qu'il deviendra une union heureuse et mutuellement bénéfique.

❖ ❖ ❖

Si les maris et les femmes, qui ont l'habitude de se prendre mutuellement pour cibles sur lesquelles ils tirent des balles de colère et de discourtoisie, essayaient plutôt d'échanger des paroles aimables pour apaiser leur âme, ils pourraient créer un nouveau bonheur familial.

❖ ❖ ❖

La sexualité entre l'homme et la femme a sa place dans la vie conjugale. Mais si elle devient le facteur prédominant de cette relation, l'amour s'envole et disparaît complètement. À sa place, s'installent la possessivité, la vulgarité et les abus de toutes sortes, privant la relation de toute amitié et compréhension. Bien que l'attirance sexuelle soit l'une des conditions qui aient donné naissance à l'amour, le sexe en soi n'est pas l'amour. Le sexe et l'amour sont aussi éloignés l'un de l'autre que le soleil de la lune. Ce n'est que lorsque la qualité transformatrice du véritable amour prédomine dans le couple que le sexe devient un moyen d'expression de cet amour. Ceux qui vivent trop sur le plan sexuel s'égarent et ne parviennent pas à trouver le bonheur dans leur relation conjugale. C'est par la maîtrise de soi – dans laquelle le sexe n'est pas l'émotion dominante mais seulement accessoire à l'amour – que les conjoints peuvent connaître la vraie nature de l'amour. À l'heure actuelle, l'amour est malheureusement trop souvent détruit au profit de l'expérience sexuelle.

❖ ❖ ❖

Ceux qui font preuve d'une modération naturelle, non forcée, dans leur vie sexuelle, développent dans leur relation conjugale d'autres qualités durables comme l'amitié, la camaraderie, la compréhension et l'amour mutuel. Madame Amélita Galli-Curci [1] et son époux, Homer Samuels, par exemple, sont les plus grands amoureux que j'aie rencontrés en Occident. Leur amour est beau car ils pratiquent les idéaux dont je parle. Quand ils se séparent, ne serait-ce que pour peu de temps, ils ont hâte de se revoir, d'être de nouveau en compagnie l'un de l'autre, de partager leurs pensées et leur amour.

❖ ❖ ❖

Chacun a besoin d'une période d'isolement ou de solitude pour faire face aux pressions croissantes de la vie… N'empiétez pas sur l'indépendance de votre conjoint.

❖ ❖ ❖

Quand le mari et la femme se rendent des services mutuels, chacun étant motivé par le désir de voir l'autre heureux, la Conscience Christique – l'Intelligence cosmique et pleine d'amour de Dieu imprégnant tous les atomes de la création – commence à s'exprimer à travers leur conscience.

❖ ❖ ❖

[1] Cantatrice de renommée mondiale (1889-1963) qui rencontra Paramahansa Yogananda durant ses premières années aux États-Unis. Son époux et elle devinrent des membres dévoués de la Self-Realization Fellowship. Madame Galli-Curci a écrit la préface du livre de Paramahansa Yogananda *Whispers from Eternity*.

Quand deux personnes ressentent une attirance inconditionnelle et mutuelle, et sont prêtes à se sacrifier
l'une pour l'autre, elles sont vraiment amoureuses.

❖ ❖ ❖

Le fait de désirer la perfection pour l'être aimé, et
de ressentir une joie pure à la pensée de cette âme, est
réellement de l'amour divin – l'amour d'une véritable
amitié.

❖ ❖ ❖

Méditez ensemble le matin et surtout le soir...
Dressez un petit autel familial où vous pourrez vous
recueillir entre mari et femme, accompagnés des enfants, pour offrir à Dieu une dévotion profonde et unir à
jamais vos âmes dans la joie éternelle de la Conscience
Cosmique [1]... Plus vous méditerez ensemble, plus votre amour mutuel grandira.

L'amitié

L'amitié est l'appel du clairon divin enjoignant
l'âme d'anéantir les barrières, érigées par la conscience
de l'ego, qui la séparent des autres âmes et de Dieu.

❖ ❖ ❖

L'amitié est la forme la plus pure de l'amour divin
car elle naît du libre choix de notre cœur et ne nous
est pas imposée par l'instinct familial. De vrais amis
ne se séparent jamais ; rien ne peut rompre leur relation fraternelle.

❖ ❖ ❖

[1] Voir le glossaire.

L'amitié est le plus précieux des trésors que vous puissiez posséder car elle vous accompagne au-delà de la vie présente. Vos vrais amis, vous les retrouverez tous dans la Demeure du Père, car le véritable amour n'est jamais perdu.

❖ ❖ ❖

L'amitié parfaite qui existe entre deux cœurs, ou entre plusieurs cœurs, dans une relation spirituelle, perfectionne chaque individu.

❖ ❖ ❖

Votre cœur recèle un aimant qui attirera à vous les vrais amis : cet aimant est l'altruisme qui vous fait penser aux autres en premier. Très peu de gens sont exempts d'égocentrisme. On peut pourtant très facilement développer des qualités altruistes en s'exerçant à penser aux autres avant de penser à soi-même.

❖ ❖ ❖

Vous ne pouvez attirer de vrais amis sans éliminer de votre caractère toute trace d'égoïsme ou d'autres défauts déplaisants. L'art suprême de se faire des amis consiste à se conduire soi-même de façon divine, c'est-à-dire d'être spirituel, pur et altruiste... Le nombre de vos amis augmentera à mesure que vos défauts disparaîtront pour faire place aux qualités divines.

❖ ❖ ❖

La véritable amitié consiste à se rendre mutuellement des services en offrant encouragement dans les moments de détresse, compassion dans le chagrin, conseils dans les ennuis et assistance matérielle dans les moments difficiles... Celui qui offre son amitié renonce de bon cœur aux plaisirs égoïstes ou à ses intérêts personnels pour le bonheur de son ami, et cela sans compter et sans aucun sentiment de perte ou de sacrifice.

❖ ❖ ❖

Quelles que soient les divergences d'opinion qui existent entre vous et de tels amis, la compréhension et la communication subsistent néanmoins. Dans cette relation, vous faites preuve d'un respect mutuel et vous chérissez au plus haut point votre amitié, indépendamment des vues qui vous opposent. La véritable amitié ancrée en Dieu est la seule relation durable.

❖ ❖ ❖

Si vous offrez votre amitié, soyez sincère. Vous ne devez pas feindre la gentillesse ou la coopération alors que vous ressentez le contraire. La loi spirituelle est très puissante. N'allez pas à l'encontre des principes spirituels. Ne trompez ni ne trahissez jamais personne. En tant qu'ami, comprenez où est votre place, sachez quand il vaut mieux vous occuper de vos propres affaires, quand être disposé à coopérer et quand avoir la volonté de ne pas coopérer.

❖ ❖ ❖

Ce n'est pas une bonne chose de dire la vérité lorsqu'en faisant cela on trahit quelqu'un inutilement et à mauvaise fin. Supposez qu'un homme boive, mais essaie de le cacher au reste du monde. Vous connaissez sa faiblesse et, au nom de la vérité, vous annoncez à vos amis : « Vous savez bien que telle personne boit, n'est-ce pas ? » Une telle remarque est déplacée ; il ne faut pas se mêler des affaires des autres. Soyez discret en ce qui concerne leurs défauts dans la mesure où ils ne font de mal à personne. Parlez en privé à celui qui est dans l'erreur, si vous en avez l'occasion ou s'il vous incombe de l'aider. Cependant, ne lui tenez jamais des propos délibérément blessants sous prétexte de l'aider, car vous ne « l'aiderez » qu'à devenir votre ennemi et risquerez d'anéantir en lui tout désir de s'améliorer.

❖ ❖ ❖

Aidez vos amis en étant pour eux une source d'inspiration morale, esthétique et spirituelle. Ne soyez jamais sarcastique envers eux. Ne les flattez pas non plus, sauf pour les encourager, et ne leur donnez pas raison quand ils ont tort.

❖ ❖ ❖

Soyez honnête, soyez sincère et l'amitié grandira continuellement. Je me souviens d'une discussion avec Sri Yukteswar sur la sincérité. Je lui avais dit :
    « Il n'y a que la sincérité qui compte.
    — Non, répondit-il, ce qui compte c'est la sincérité plus la prévenance. Puis il continua : Suppose que tu sois assis dans ton salon dont le sol est revêtu d'un superbe tapis neuf. Dehors, il pleut. Un ami que tu n'as pas vu depuis des années ouvre toute grande la porte et entre précipitamment pour te saluer.
    — Il n'y a aucun mal à cela », dis-je.
    Mais mon Guru n'avait pas fini de développer son argument :
    « Vous étiez sincèrement heureux de vous revoir,

dit-il, mais n'aurais-tu pas préféré qu'il eût la délicatesse d'ôter ses bottes boueuses avant d'entrer et de salir le tapis ? »

Je dus reconnaître qu'il avait raison.

Quel que soit le bien que vous pensiez d'une personne ou le degré d'intimité qui vous lie, il importe d'adoucir cette relation avec de bonnes manières et de la prévenance. Vous cimenterez alors une merveilleuse amitié. La familiarité qui conduit à manquer d'égards est nuisible à l'amitié.

❖ ❖ ❖

Tout comme la rosée aide les fleurs à pousser, la douceur du cœur et la bienveillance des actes stimulent la croissance de l'amitié.

❖ ❖ ❖

L'amitié est noble, féconde, sacrée –
Quand dans leur différence, deux âmes séparées
Marchent à l'unisson, s'accordent,
    se désaccordent,
Et dans leur divergence, évoluent
    de façon radieuse...
Ô Amitié – plante fleurie de naissance céleste !
Tu es nourrie dans la terre de l'amour infini,
Dans la recherche commune du progrès
    de l'âme
Par deux êtres enclins, l'un pour l'autre,
    à aplanir la voie [1].

❖ ❖ ❖

[1] Extrait du poème « Friendship », de *Songs of the Soul*, de Paramahansa Yogananda.

Pour offrir une amitié véritable et inconditionnelle, votre amour humain doit être ancré dans l'amour divin. La communion avec Dieu dans votre vie est la véritable inspiration qui se cache derrière l'amitié divine que vous offrez à tous.

❖ ❖ ❖

Essayez de perfectionner votre amitié avec quelques âmes. Quand vous pourrez vraiment leur donner une amitié inconditionnelle, votre cœur sera prêt à offrir une amitié parfaite à tous. Et lorsque vous pourrez réaliser un tel dessein, vous deviendrez divin – comme Dieu et les grands êtres qui donnent leur amitié à tous les êtres humains, indépendamment de leur personnalité. L'amitié qui demeure centrée sur une ou deux âmes à l'exclusion de toutes les autres est comme une rivière qui se perd dans les sables sans jamais atteindre l'océan. Dans sa course puissante et sincère, la rivière de l'amitié divine s'élargit avant de se jeter dans la présence océanique de Dieu.

———◆•◆•◆———

AFFIRMATION

En rayonnant d'amour et de bienveillance envers les autres, j'ouvrirai la voie pour recevoir l'amour de Dieu. L'amour divin est l'aimant qui attire à moi tout ce qui est bien.

CHAPITRE 12

Comprendre la mort

Bien que l'homme ordinaire considère la mort avec frayeur et tristesse, ceux qui l'ont déjà connue savent qu'il s'agit d'une merveilleuse expérience de paix et de liberté.

❖ ❖ ❖

Nous nous interrogeons peut-être et avant tout sur nos chers disparus. Où sont-ils ? Pourquoi nous ont-ils été enlevés ? Un bref adieu et ils disparaissent derrière le voile de la mort. Nous éprouvons tant de tristesse, un tel désespoir, un tel sentiment d'impuissance... Lorsque quelqu'un meurt, bien qu'il ne puisse parler, un désir s'exprime en sa conscience et il pense : « Je quitte ceux que j'aime ; les reverrai-je ? » De même, ceux qui restent se disent : « Je le perds. Se souviendra-t-il de moi ? Nous reverrons-nous ? »... Quand, dans cette vie, j'ai perdu ma mère, je me suis promis de ne plus jamais m'attacher à personne [1] et c'est à Dieu que j'ai offert mon amour. Cette première expérience de la mort fut une vraie tragédie pour moi, mais j'en ai tiré une grande leçon. J'ai sondé intrépidement le mystère de la vie et de la mort pendant des mois et des années

[1] Paramahansa Yogananda n'avait que onze ans lors du décès de sa mère. Il secoua les portes mêmes du ciel avec toute l'ardeur de sa jeune détermination spirituelle jusqu'à ce qu'il obtienne une réponse de Dieu. Il réalisa alors que c'est l'amour de Dieu qui s'exprime à travers tous ceux que l'on aime. Aimer Dieu signifie aimer tout le monde sans exception et sans la peine qui accompagne inévitablement toute forme d'attachement. (*Note de l'éditeur*)

jusqu'à ce que j'en trouve la réponse. Ce dont je vous parle, j'en ai fait l'expérience.

❖ ❖ ❖

À la mort, vous oubliez toutes les limitations du corps physique et réalisez à quel point vous êtes libre. Les premiers instants sont teintés d'un sentiment de crainte : peur de l'inconnu, de quelque chose d'étranger à la conscience. Ensuite survient une prise de conscience suprême : l'âme éprouve un joyeux sentiment de soulagement et de liberté. Vous savez alors que vous existez indépendamment du corps physique.

❖ ❖ ❖

Nous allons tous mourir un jour, il est donc vain de craindre la mort. Vous n'éprouvez aucune angoisse à l'idée de perdre la conscience de votre corps dans le sommeil ; vous acceptez le sommeil comme un état de liberté que vous anticipez avec plaisir. Telle est la mort : un état de repos, une retraite bien méritée après les efforts de cette vie. Il n'y a rien à craindre. Quand la mort se présente, moquez-vous d'elle. La mort n'est qu'une expérience dont vous devez tirer cette leçon suprême : vous ne pouvez pas mourir.

❖ ❖ ❖

Notre véritable soi – l'âme – est immortel. Nous pouvons sommeiller un certain temps dans ce changement appelé la mort, mais nous ne pouvons jamais être détruit. Nous existons et cette existence est éternelle. La vague déferle sur le rivage puis se retire dans la mer, mais elle n'est pas perdue : Elle s'unit à l'océan ou revient déferler sous la forme d'une autre vague [1]. Ce corps est apparu et il s'évanouira ; mais l'essence de l'âme qui est en lui ne cessera jamais d'exister. Rien ne peut mettre fin à cette conscience éternelle.

❖ ❖ ❖

Comme l'a prouvé la science, même une particule de matière ou une onde d'énergie est indestructible ; il en est ainsi de l'âme, ou essence spirituelle de l'homme. La matière subit le changement ; l'âme subit des expériences changeantes. On appelle « mort » les changements radicaux, mais la mort – ou changement de forme physique – n'altère ni ne détruit l'essence spirituelle.

❖ ❖ ❖

Le corps n'est qu'un vêtement. Combien de fois avez-vous changé de vêtements dans cette vie sans pour autant dire que *vous* avez changé. De même, quand au moment de la mort vous abandonnez ce vêtement charnel, vous ne changez pas. Vous êtes toujours le même, une âme immortelle, un enfant de Dieu.

❖ ❖ ❖

Le terme « mort » est une fausse appellation car la mort n'existe pas. Quand vous êtes fatigué de vivre, vous ôtez simplement votre manteau de chair et retournez dans le monde astral [2].

[1] Référence à la réincarnation. Voir le glossaire.
[2] Le Ciel, région subtile de conscience et d'énergies supérieures. Voir *monde astral* dans le glossaire.

❖ ❖ ❖

La Bhagavad Gita [1] parle de l'immortalité de l'âme en ces termes magnifiques et réconfortants :

Jamais l'esprit n'a connu de naissance ;
L'esprit ne cessera d'être jamais.
Jamais il n'y a eu d'époque où il n'existait pas.
Début et fin sont des rêves.
Sans naissance, sans mort, sans changement,
À jamais demeure l'esprit.
La mort ne le touche pas, même si
Sa résidence mortelle paraît être touchée.

❖ ❖ ❖

La mort n'est pas une fin, mais une émancipation temporaire prévue par le karma, ou loi de la justice, quand il détermine que votre corps et votre environnement actuels ont rempli leur fonction, ou bien que, las ou épuisé par la souffrance, vous ne pouvez continuer à porter le fardeau de l'existence physique. Pour ceux qui souffrent, la mort est la délivrance des intenses tortures de la chair, les faisant accéder à la paix et au calme ; pour les gens âgés, c'est une retraite bien méritée couronnant des années de lutte contre les difficultés de la vie, et pour tous, un repos bienvenu.

❖ ❖ ❖

Quand vous pensez que la mort est omniprésente en ce monde et que votre corps aussi devra être abandonné un jour, le plan de Dieu semble très cruel. Vous n'arrivez pas à croire que Dieu soit miséricordieux. Cependant, si vous regardez le processus de la mort avec les yeux de la sagesse, vous verrez qu'en définitive

[1] II : 20, d'après la traduction de Sir Edwin Arnold.

ce n'est qu'une pensée de Dieu nous faisant passer à travers le cauchemar du changement pour retrouver en Lui la liberté suprême. À la mort, le saint comme le pécheur reçoivent tous les deux un certain degré de liberté, en fonction de leur mérite. Au pays astral tissé des songes du Seigneur – terre d'accueil après la mort – les âmes jouissent d'une liberté jamais connue pendant leur vie sur terre. N'ayez donc pas pitié de celui qui franchit la mort illusoire, car sous peu il sera libre. Quand il émerge de l'illusion, il voit que la mort n'était, après tout, pas si mauvaise. Il réalise que sa mortalité n'était qu'un rêve et se réjouit qu'à présent aucun feu ne peut le brûler ni aucune eau le noyer ; il est libre et à l'abri de tout danger [1].

❖ ❖ ❖

La conscience de celui qui meurt se trouve soudainement soulagée du poids du corps, du besoin de respirer et de toute douleur physique. L'âme éprouve alors la sensation de s'élever dans un tunnel baigné d'une douce et paisible lumière. Elle glisse ensuite dans un état de sommeil oublieux, infiniment plus profond et plus agréable que le plus profond des sommeils expérimentés dans le corps physique... L'état qui suit la mort est ressenti différemment par les gens selon leur mode de vie sur terre. La durée et la profondeur du sommeil varient en fonction des individus, de même que les expériences vécues après la mort. Par exemple, le bon

---

[1] « Aucune arme ne saurait porter atteinte à l'âme ; les flammes ne peuvent la consumer ; les eaux ne peuvent la noyer, les vents ne peuvent la dessécher... L'âme est immortelle, intrépide, stable et sûre – toujours elle-même. Ineffable, invisible, immuable, voilà ce qu'on dit de l'âme. Ainsi, sachant qu'elle est telle, tu ne devrais pas t'affliger. » (Bhagavad Gita II : 23-25.)

ouvrier, qui a travaillé dur dans l'usine de la vie, sombre un court instant dans un sommeil profond, paisible et inconscient. Puis il s'éveille à la vie dans une certaine région du monde astral : « Il y a beaucoup de demeures dans la maison de mon Père [1]. »

❖ ❖ ❖

« Je n'ai jamais pu croire au paradis, remarqua, un jour, un nouveau disciple. Un tel endroit existe-t-il réellement ?

— Oui, répondit Paramahansa Yogananda. Ceux qui aiment Dieu et placent leur confiance en Lui, s'y rendent après la mort. Sur ce plan astral, on a le pouvoir de tout matérialiser immédiatement par la pensée pure. Le corps astral est fait de lumières scintillantes. Dans les royaumes astraux, on trouve des couleurs et des sons qui n'existent pas sur terre. C'est un monde merveilleux et agréable. »

❖ ❖ ❖

[La mort] n'est pas une fin, mais un transfert des expériences physiques, vécues dans le domaine grossier de la matière changeante, vers les joies pures du royaume astral aux lumières multicolores.

❖ ❖ ❖

« Le monde astral est infiniment beau, propre, pur et ordonné [disait Sri Yukteswar]. Il ne comporte ni planètes mortes ni terres stériles. Les imperfections terrestres – mauvaises herbes, bactéries, insectes ou serpents – y sont absentes. Contrairement aux

---

[1] Jean 14 : 2.

variations climatiques et saisonnières qui affectent la terre, les planètes astrales possèdent la température constante d'un printemps éternel, arrosé d'occasionnelles neiges blanches et lumineuses et d'averses de lumières multicolores. Les planètes astrales présentent une multitude de lacs opalins, de mers chatoyantes et de rivières irisées. »

❖ ❖ ❖

Les âmes de la région astrale sont parées de légères gazes lumineuses. Elles ne s'emmitouflent pas dans un manteau de chair et d'os. Elles sont libres et ne portent aucune ossature, grêle ou forte, qui pourrait se heurter à d'autres solides et se briser. Il n'y a donc, dans le monde astral, aucun conflit entre le corps humain et les corps solides, les océans, les éclairs et la maladie. Il n'y a pas non plus d'accidents, car tout coexiste dans l'entraide et non dans l'antagonisme. Les différentes formes de vibrations fonctionnent dans une harmonie mutuelle. Toutes les forces vivent en paix et dans une entraide consciente. Les âmes, les rayons sur lesquels elles se déplacent et les rayons oranges qui les sustentent sont tous composés de lumière vivante. Les âmes vivent dans une conscience et une coopération mutuelles, respirant non pas de l'oxygène, mais la joie de l'Esprit.

❖ ❖ ❖

« Les amis des vies passées se reconnaissent facilement entre eux dans le monde astral, [disait Sri Yukteswar]. Se réjouissant de l'immortalité de l'amitié, ils ont conscience de la nature indestructible de l'amour souvent mise en doute au moment de la séparation triste et illusoire qu'est la mort terrestre. »

❖ ❖ ❖

Pourquoi pleurons-nous à la mort de ceux qui nous sont chers ? Parce que nous nous affligeons de notre propre perte. Si les êtres aimés nous quittent pour aller se perfectionner dans une meilleure école de la vie, nous devons nous réjouir au lieu d'être égoïstement tristes, car par la transmission de nos propres désirs égoïstes, nous risquons de les empêcher de quitter ce monde et d'entraver ainsi leur progrès. Le Seigneur est éternellement nouveau et de Sa baguette magique infinie – la Mort rénovatrice – Il maintient tout objet créé et tout être vivant dans un état d'éternelle manifestation et de perpétuelle transformation afin d'en faire un véhicule toujours mieux adapté à Ses expressions inépuisables. La mort offre aux hommes ayant rempli leurs devoirs une promotion vers un état plus élevé, et à ceux qui n'ont pas réussi, une nouvelle chance dans un autre environnement.

❖ ❖ ❖

La mort est l'apogée de la vie. Dans la mort, la vie cherche le repos. Elle est précurseur du bonheur suprême, de la libération exquise des tortures de la chair. La mort chasse automatiquement toutes les douleurs corporelles, de la même façon que le sommeil bannit la lassitude et les maux du corps. La mort libère temporairement l'âme de la prison du corps physique.

❖ ❖ ❖

L'être ignorant ne perçoit que le mur insurmontable de la mort, cachant, semble-t-il pour toujours, les amis qu'il chérit. Mais l'être qui possède le non-attachement et qui aime chacun comme une expression du Seigneur comprend qu'à la mort les êtres chers sont simplement retournés reprendre joyeusement leur souffle en Lui.

❖ ❖ ❖

Que la vie est radieuse après la mort ! Vous n'aurez plus à traîner toujours avec vous ce paquet d'os et de chair avec tous ses problèmes. Vous serez libre dans le paradis astral, affranchi de toute limitation physique.

❖ ❖ ❖

J'ai un jour noté la vision que j'avais eue d'un jeune mourant, dans laquelle Dieu m'a montré la bonne attitude à adopter face à la mort. Il était allongé sur un lit et ses médecins lui apprirent qu'il ne lui restait plus qu'un jour à vivre. À quoi il répondit : « Un jour pour rejoindre mon Bien-Aimé ! Un jour pour que la mort ouvre les portes de l'immortalité et qu'enfin libre je franchisse les barreaux de la prison de la douleur. Ne me pleurez pas, vous qui restez sur ce rivage rempli de désolation à vous lamenter et à vous affliger ; c'est moi qui ai pitié de vous. Vous versez pour moi des larmes pleines de tristesse, pleurant en moi votre perte ; mais moi, je verse pour vous des larmes pleines de joie car, pour votre propre bien, je vous devance afin d'allumer des lampes de sagesse tout au long de votre chemin. Et j'attendrai de vous accueillir là-bas en compagnie de l'unique Bien-Aimé qui est le mien et aussi le vôtre. Ô êtres chers, réjouissez-vous dans ma joie [1] ! »

❖ ❖ ❖

[1] Paramahansa Yogananda paraphrase ici son poème « The Dying Youth's Divine Reply », extrait de *Songs of the Soul.*

Vous ignorez ce que ce monde vous réserve et ainsi vous devez continuer à vivre et à vous inquiéter. Ceux qui meurent ont pitié de nous, ils nous bénissent. Pourquoi les pleurer ? J'ai raconté cette histoire [du jeune homme mourant] à une femme qui avait perdu son fils. Mon explication terminée, elle sécha immédiatement ses larmes et dit : « Jamais auparavant je n'ai éprouvé une telle paix. Je suis contente de savoir que mon fils est libre. Je pensais qu'il lui était arrivé quelque chose d'horrible. »

❖ ❖ ❖

À la mort d'un être cher, au lieu de vous apitoyer sur lui outre mesure, sachez qu'il est parti rejoindre un plan plus élevé selon la volonté de Dieu, et que Dieu sait ce qui lui convient le mieux. Réjouissez-vous qu'il soit libre. Priez afin que votre amour et votre bienveillance soient pour lui des messages d'encouragement sur la voie de son évolution. Cette attitude est beaucoup plus utile. Il est de fait que nous ne serions pas humains si les êtres aimés ne nous manquaient pas ; mais même si nous souffrons de solitude à cause de leur absence, il ne faut pas laisser notre attachement égoïste les empêcher d'abandonner cette terre. Un chagrin extrême empêche les âmes qui ont quitté ce monde de progresser sur la voie de la sérénité et de la liberté.

❖ ❖ ❖

[Il existe un chagrin légitime face à la mort, comme l'expliqua Paramahansa Yogananda lors du service funèbre qu'il célébra à la mémoire de Sri Gyanamata, l'une de ses premières disciples et l'une

des plus avancées, qu'il appelait avec affection et respect « Sœur [1] ».]

Hier au soir, alors que j'avais les larmes aux yeux, quelqu'un m'a dit que je devrais être heureux que Sœur soit libre dans la joie de l'Esprit. J'ai répondu : « Je sais bien, je sais combien Sœur est heureuse, je sais que ce glorieux chapitre de sa vie est maintenant terminé et que la douleur a quitté son corps... Mon esprit rejoint le sien en Dieu. Mais ce sont des larmes d'amour que je verse, car ici-bas, elle me manquera... »

Cette lumière brillante et humble qu'était Sœur s'est éteinte devant moi et s'est fondue dans la Lumière suprême. J'en suis à la fois content et triste. Et je suis content d'être triste, content qu'elle ait été parmi nous pour inspirer tant d'amour à nos cœurs.

❖ ❖ ❖

Pour envoyer de bonnes pensées aux êtres aimés qui sont décédés, asseyez-vous silencieusement dans votre chambre et méditez sur Dieu. Quand vous ressentez en vous Sa paix, concentrez-vous profondément sur le Centre christique [2], le centre de la volonté entre les deux sourcils, et transmettez votre amour à ceux qui ont quitté ce monde. Visualisez au Centre christique la personne que vous souhaitez contacter. Transmettez à son âme vos vibrations d'amour, de force et de courage. Si vous procédez ainsi sans relâche, et sans laisser faiblir l'intensité de l'intérêt que vous portez à l'être aimé, son âme recevra infailliblement vos vibrations. De telles pensées donnent à ceux que vous aimez un sentiment de bien-être, le sentiment

[1] Voir la page 38.
[2] Voir le glossaire.

d'être aimés. Ils ne vous ont pas davantage oublié que vous ne les avez oubliés.

❖ ❖ ❖

Envoyez des pensées d'amour et de bienveillance aux êtres aimés aussi souvent que vous en éprouvez le besoin, tout au moins une fois par an, comme lors d'un anniversaire spécial. Dites-leur mentalement : « Nous nous retrouverons un jour et continuerons à développer l'amour et l'amitié que nous partageons en Dieu. » Si, dès maintenant, vous leur envoyez continuellement d'affectueuses pensées, vous les retrouverez certainement un jour. Vous saurez que cette vie n'est pas la fin, mais simplement un maillon de la chaîne éternelle qui vous lie à ceux que vous aimez.

———◆◆◆———

AFFIRMATION

L'océan de l'Esprit est devenu la petite vague de mon âme. Qu'elle flotte à la naissance sur l'océan de la conscience cosmique ou qu'elle disparaisse en lui à la mort, la petite vague de ma vie ne peut mourir. Je suis la conscience indestructible, à jamais protégée au sein de l'Esprit immortel.

CHAPITRE 13

Le But suprême

Le genre humain est engagé dans la quête éternelle de cette « autre chose » qui lui apportera, espère-t-il, un bonheur absolu et sans fin. Mais pour les quelques âmes qui ont cherché et trouvé Dieu, cette quête est terminée : Il est cette Autre Chose.

❖ ❖ ❖

Beaucoup de gens peuvent douter que trouver Dieu soit le but de la vie, mais personne ne peut réfuter l'idée que le but de la vie est la recherche du bonheur.

J'affirme que Dieu est le Bonheur. Il est la Béatitude. Il est l'Amour. Il est la Joie inaliénable de l'âme. Pourquoi donc ne pas essayer d'acquérir ce Bonheur ? Personne d'autre ne peut vous le procurer. Vous devez le cultiver vous-même sans relâche.

❖ ❖ ❖

Même si la vie vous donnait un jour tout ce que vous désirez – richesse, pouvoir, amis – après un certain temps, l'insatisfaction vous gagnerait à nouveau et vous réclameriez encore plus. Mais il est une chose dont vous ne vous lasserez jamais : la joie elle-même. Le bonheur qui est délicieusement varié, bien qu'essentiellement immuable, est l'expérience intérieure que chacun recherche. Dieu est la joie éternelle, toujours nouvelle. Si vous trouvez cette Joie en vous, vous la retrouverez en toute chose. En Dieu, vous puiserez au Réservoir de la félicité infinie et éternelle.

❖ ❖ ❖

Supposez que, pour vous punir, on vous prive de sommeil alors que vous en avez désespérément besoin, et que soudain on vous dise : « Bon, maintenant, vous pouvez aller vous coucher. » Imaginez la joie que vous éprouveriez juste avant de vous endormir et multipliez-la par un million ! Cela ne suffirait toujours pas à décrire la joie ressentie dans la communion divine.

❖ ❖ ❖

La joie de Dieu est illimitée, infinie, toujours nouvelle. Lorsque vous êtes immergé dans cet état de conscience, ni le corps, ni l'esprit, ni rien d'autre ne peut vous perturber – telle est la grâce et la gloire du Seigneur. Et Il vous expliquera alors tout ce que vous n'avez pas su comprendre et tout ce que vous désirez savoir.

❖ ❖ ❖

Quand vous êtes assis dans le silence de la méditation profonde, une joie effervescente jaillit en vous sans aucune stimulation extérieure. La joie naissant de la méditation est irrésistible. Ceux qui ne sont pas entrés dans le silence de la véritable méditation ne connaissent pas ce qu'est la joie réelle.

❖ ❖ ❖

Au fur et à mesure que vous intériorisez votre esprit et vos sensations, vous commencez à ressentir la joie de Dieu. Le plaisir des sens est éphémère, mais la joie de Dieu est éternelle et sans pareille !

Trouver du temps pour Dieu dans sa vie

Chaque chose a sa raison d'être, mais perdre du temps au prix du bonheur véritable est insensé. J'ai abandonné toute activité inutile pour pouvoir méditer et essayer de connaître Dieu, afin d'être jour et nuit dans Sa conscience divine.

❖ ❖ ❖

Très peu d'entre nous savent combien nous pouvons accomplir dans la vie si nous utilisons celle-ci convenablement, avec mesure et sagesse. Par conséquent, ne perdons pas notre temps. Bien souvent la durée de notre vie s'est déjà écoulée avant qu'on ne s'en rende compte et c'est pourquoi nous ne comprenons pas la valeur du temps immortel que Dieu nous a donné.

❖ ❖ ❖

Ne perdez pas votre temps dans l'oisiveté. Les gens s'occupent, pour la plupart, de choses futiles. Si vous leur demandez ce qu'ils ont fait, ils vous répondent généralement : « Oh, je n'ai pas eu une minute de libre ! » Mais ils se souviennent rarement de ce qui les a tellement occupés !

❖ ❖ ❖

Dans un instant vous devrez peut-être quitter ce monde et tous vos engagements devront être annulés. Pourquoi dans ce cas donner la priorité à toutes ces activités inutiles avec comme résultat de manquer de temps pour Dieu ? C'est agir en dépit du bon sens. Par la faute de *maya* qui nous piège dans le filet de l'illusion cosmique, nous nous empêtrons dans toutes sortes de futilités et nous oublions le Seigneur.

❖ ❖ ❖

La plus grande illusion de l'homme est de se croire obligé de répondre en priorité à des désirs et à des devoirs d'importance mineure. Je me souviens très bien de la promesse que je me faisais quotidiennement durant ma formation de disciple auprès de mon guru, Swami Sri Yukteswar : « Demain, je méditerai plus longtemps. » Une année entière s'écoula avant de me rendre compte que je différais toujours l'exécution de cette promesse. Je pris immédiatement la résolution de méditer longuement le matin, juste après ma toilette. Mais même alors, dès que j'étais levé, je me laissais prendre par mes activités et mes devoirs quotidiens. En conséquence, je résolus de méditer avant toute chose. J'appris ainsi une grande leçon : remplir en priorité mon devoir envers Dieu avant de m'occuper de toute tâche secondaire.

❖ ❖ ❖

Il importe de faire la distinction entre vos besoins et vos désirs. Vos besoins sont peu nombreux tandis que vos désirs peuvent être illimités. Pour trouver la liberté et la Joie suprême, répondez uniquement à vos besoins. Cessez de vous créer des désirs illimités et de poursuivre sans cesse le mirage d'un faux bonheur.

❖ ❖ ❖

« Quelle est la meilleure prière ? » demanda un disciple.

Paramahansa Yogananda répondit :

« Dites au Seigneur : "Je T'en prie, dis-moi quelle est Ta volonté." Ne dites pas : "Je veux ceci et je veux cela", mais ayez foi dans le fait qu'Il sait ce dont vous avez besoin. Vous constaterez que vous obtiendrez de bien meilleurs résultats quand c'est Lui qui choisit pour vous. »

❖ ❖ ❖

Si vous ne parvenez pas à obtenir quelque petit « jouet » matériel dont vous vous êtes entiché, n'en voulez pas au Seigneur. Il est parfois souhaitable de ne pas recevoir ce que l'on désire. Quand le Père divin voit que Ses enfants impulsifs veulent plonger dans les flammes des désirs irraisonnés ou excessifs en étant aveuglés par leur vif éclat, Il essaie de les protéger des brûlures.

Dieu dit : « Quand Mes enfants pensent qu'ils ne reçoivent de Moi aucune réponse à leurs prières, ils ne savent pas qu'en fait Je réponds, mais différemment de ce qu'ils attendent de Moi. Tant qu'ils n'ont pas atteint la perfection, Je ne répondrai pas toujours comme ils le veulent. Ce n'est que lorsqu'ils seront parfaits que leurs demandes seront toujours gouvernées par la sagesse. »

❖ ❖ ❖

Il n'y a pas de mal à dire au Seigneur ce que nous désirons obtenir, mais nous faisons preuve d'une plus grande foi si nous disons simplement : « Père Céleste, je sais que Tu anticipes tous mes besoins. Accorde-moi ce qui m'est nécessaire selon Ta volonté. »

Si, par exemple, un homme désire ardemment une voiture et qu'il prie avec suffisamment d'intensité pour l'obtenir, il l'obtiendra. Mais la possession d'une voiture n'est pas forcément ce qu'il y a de mieux pour lui. Il arrive que le Seigneur refuse de répondre à des prières mineures, car Il entend nous offrir un plus beau cadeau. Ayez davantage confiance en Dieu. Sachez, sans l'ombre d'un doute, que Celui qui vous a créé s'occupera toujours de vous.

❖ ❖ ❖

Dieu m'a prouvé que lorsque je suis avec Lui, tous les besoins soi-disant « vitaux » deviennent inutiles. Quand vous vivez dans cet état de communion divine, vous rayonnez d'une santé, d'une joie et d'une richesse intérieure en tous points supérieures à la moyenne. Ne cherchez pas à satisfaire des désirs insignifiants car ils vous détourneront de Dieu. Faites-en l'expérience dès maintenant : simplifiez-vous la vie et soyez un roi.

❖ ❖ ❖

L'homme ordinaire est influencé par le monde dans lequel il vit. Mais l'homme qui sait se concentrer façonne lui-même sa propre existence. Il planifie sa journée et constate à la fin de celle-ci qu'il a exécuté tous ses projets ; il se rapproche de Dieu et de son but. L'homme faible forme mille projets mirobolants, mais se retrouve à la fin de la journée victime des circonstances et de ses mauvaises habitudes. Une telle personne s'en prend généralement à tout le monde sauf à elle-même.

N'oubliez pas que vous seul êtes responsable de vos problèmes. Si vous décidez de contrôler les circonstances de votre vie conformément à la loi, elles s'arrangeront d'elles-mêmes en conséquence. Vous devez, en définitive, apprendre à mener une existence contrôlée.

❖ ❖ ❖

Vous êtes le maître de chaque moment de votre vie.

❖ ❖ ❖

Supposez que vous décidiez : « Bon, aujourd'hui, je trouverai le temps de méditer. » *Faites-le* : restez assis au moins quelques minutes. Le lendemain, prenez la décision de méditer un peu plus longtemps. Et le jour suivant, malgré les obstacles qui se présentent, redoublez encore vos efforts.

❖ ❖ ❖

Ce n'est que lorsque vous serez vous-même convaincu de l'importance capitale de Dieu que vous L'atteindrez. Ne vous laissez pas tromper par la vie. Formez les bonnes habitudes qui engendrent le véritable bonheur. Suivez un régime alimentaire simple, faites des exercices physiques et méditez chaque jour – quoi qu'il arrive et par tous les temps. Si vous ne pouvez pas méditer ou faire des exercices le matin, faites-le le soir. Priez Dieu tous les jours en ces termes : « Seigneur, même si je meurs ou que le monde entier s'écroule, je trouverai tous les jours le temps d'être avec Toi. »

❖ ❖ ❖

Les minutes sont plus importantes que les années. Si la pensée de Dieu n'occupe pas chaque instant de votre vie, les années s'écoulent et, au moment où vous aurez le plus besoin de Lui, vous risquez de ne pouvoir ressentir Sa présence. Mais si vous remplissez d'aspirations divines chaque minute de votre vie, les années en seront automatiquement comblées.

Pratiquer la présence de Dieu

La joie réside dans le fait de penser continuellement à Dieu. Le désir d'être avec Lui doit être constant. Il arrive un moment où l'esprit ne s'égare plus jamais, où même les pires afflictions du corps, de l'esprit ou de l'âme sont impuissantes à détourner votre conscience de la vivante présence de Dieu. N'est-ce pas merveilleux de vivre en Dieu, de penser à Dieu et de percevoir Dieu tout le temps ? N'est-ce pas merveilleux de rester dans le royaume de Sa présence dont ni la mort, ni rien d'autre ne peut vous éloigner ?

❖ ❖ ❖

Juste derrière les mots que vous prononcez, juste derrière vos pensées, derrière l'amour de votre cœur, derrière votre volonté ou encore la notion d'ego, se trouve l'esprit suprême de Dieu. Pour celui qui pense que Dieu est loin, Il est loin ; mais pour celui qui pense qu'Il est près, Il est à jamais près de lui. La Bhagavad Gita dit : « Celui qui Me voit en tout et qui voit tout en Moi, ne Me perd jamais de vue, et Je ne le perds jamais de vue [1]. » Le Seigneur ne nous abandonne jamais.

❖ ❖ ❖

On dit que Dieu est invisible, mais en réalité Il est visible dans le vaste univers manifesté. Dieu est tout, pas seulement une seule chose.

❖ ❖ ❖

Quand vous contemplez la création apparemment si solide et si réelle, ne manquez jamais de la

[1] Bhagavad Gita VI : 30.

considérer comme la pensée de Dieu matérialisée en différentes formes physiques. Vous pouvez quotidiennement préparer peu à peu votre esprit à une telle prise de conscience. Chaque fois que vous contemplez un beau coucher de soleil, pensez en vous-même : « C'est Dieu qui peint ce tableau dans le ciel. » Quand vous regardez le visage des gens que vous rencontrez, pensez de même : « C'est Dieu qui a pris cette forme. » Appliquez ce genre de pensée à toutes vos expériences : « Le sang qui coule en mon corps est Dieu ; la raison qui anime mon esprit est Dieu ; l'amour qui sourd en mon cœur est Dieu ; tout ce qui existe est Dieu. »

❖ ❖ ❖

Le yoga est l'art de faire chaque chose avec la conscience de la présence de Dieu. Vos pensées doivent être constamment ancrées en Lui, non seulement dans la méditation, mais aussi dans le travail. Si vous effectuez un travail avec l'intention de plaire à Dieu, cette activité vous unit à Lui. N'imaginez donc pas que vous trouverez Dieu uniquement dans la méditation : comme l'enseigne la Bhagavad Gita, la méditation associée à l'action juste sont toutes deux essentielles. Si vous pensez à Dieu en accomplissant vos devoirs en ce monde, vous serez mentalement uni à Lui.

❖ ❖ ❖

Le travail accompli pour Dieu et non pour soi-même possède la même valeur que la méditation. Le travail vous aide alors à méditer et la méditation à travailler. Cet équilibre est nécessaire. La méditation sans travail engendre la paresse, l'activité sans méditation engendre le matérialisme qui incite à oublier Dieu.

❖ ❖ ❖

Accomplir toute chose pour Dieu est une expérience extrêmement personnelle, et ô combien satisfaisante !

❖ ❖ ❖

Quand, de manière persistante et désintéressée, vous accomplissez chacune de vos actions en ayant des pensées d'amour pour Dieu, Il viendra à vous. Vous comprendrez alors que vous êtes l'Océan de Vie qui s'est manifesté en vaguelettes de vies individuelles. Telle est la façon de connaître le Seigneur par l'activité. Quand vous pensez à Lui avant d'agir, pendant et après l'exécution de toute action, Il se révélera à vous. Vous devez agir, mais laissez Dieu agir à travers vous, c'est la meilleure part de la dévotion. Si vous pensez constamment qu'Il marche avec vos pieds, qu'Il travaille avec vos mains, qu'Il accomplit toute action avec votre volonté, vous Le connaîtrez.

❖ ❖ ❖

Quoi que vous soyez en train de faire, vous êtes toujours libre de murmurer votre amour à Dieu jusqu'à ce que vous receviez consciemment Sa réponse. Dans la course folle de la vie actuelle, c'est le moyen le plus sûr de Le contacter.

❖ ❖ ❖

Parler mentalement à Dieu est une habitude extrêmement favorable à votre évolution spirituelle. Vous observerez en vous un changement très appréciable. Peu importe ce que vous faites, Dieu doit être constamment présent dans votre esprit. Lorsque vous voulez voir un certain spectacle, acheter une robe ou une voiture que vous avez admirée, n'est-il pas vrai qu'indépendamment de ce que vous êtes en train de faire votre esprit pense sans cesse au moyen d'obtenir ces objets ? Tant que vous n'aurez pas assouvi vos convoitises, votre esprit sera sans repos ; il cherchera par tous les moyens à satisfaire ses désirs. Votre esprit devrait être de la même façon fixé sur Dieu jour et nuit. Transmuez vos désirs insignifiants en un seul désir intense de Le connaître. Votre esprit doit murmurer continuellement : « Jour et nuit, jour et nuit, je T'attendrai jour et nuit [1]. »

❖ ❖ ❖

C'est la philosophie de la vie que nous devons adopter. Pas demain, mais aujourd'hui, dès maintenant. Vous n'avez aucune excuse pour oublier Dieu. Jour et nuit, la pensée « Dieu ! Dieu ! Dieu ! » doit constamment occuper l'arrière-plan de votre esprit, remplaçant toute préoccupation d'argent, de sexe ou de célébrité. Que vous fassiez la vaisselle ou creusiez un fossé, que vous travailliez au bureau ou au jardin – quelles que soient vos activités – dites intérieurement : « Seigneur, manifeste-Toi à moi ! Tu es ici même. Tu es dans le soleil. Tu es dans l'herbe. Tu es dans l'eau. Tu es dans cette pièce. Tu es dans mon cœur. »

❖ ❖ ❖

La moindre de nos pensées émet une vibration subtile particulière... Le mot « Dieu » prononcé mentalement et répété sans cesse intérieurement émet une vibration qui invoque la présence de Dieu.

❖ ❖ ❖

[1] Extrait du chant « Porte de mon cœur », publié dans le livret *Chants Cosmiques* de Paramahansa Yogananda.

Chaque fois que l'esprit vagabonde dans le dédale des myriades de pensées futiles, ramenez-le patiemment vers le souvenir du Seigneur. Avec le temps, vous Le trouverez toujours avec vous – un Dieu qui vous parle dans votre propre langage, un Dieu qui, sous l'aspect de chaque fleur, chaque arbuste et chaque brin d'herbe, vous regarde à la dérobée. Vous direz alors : « Je suis libre ! Vêtu des légers voiles de l'Esprit, je quitte la terre pour m'envoler vers le paradis sur des ailes de lumière. » Et combien votre être se consumera de joie !

Établir une relation avec Dieu

« Il ne me semble pas très pratique de penser à Dieu tout le temps », remarqua un visiteur.

Paramahansaji lui répondit :

« Le monde pense comme vous, mais le monde est-il un endroit heureux ? La vraie joie échappe à celui qui abandonne Dieu car Il est la Félicité même. Sur terre, Ses fidèles vivent dans un paradis intérieur de quiétude, mais ceux qui L'oublient passent leurs journées dans un enfer d'insécurité et de déception, créé par eux-mêmes. Se lier d'amitié avec le Seigneur est en fait avoir le sens pratique ! »

❖ ❖ ❖

Cultivez votre relation avec Lui. Vous pouvez connaître Dieu aussi bien que votre meilleur ami. C'est la vérité.

❖ ❖ ❖

Vous devez d'abord avoir une conception claire de Dieu – une idée bien précise qui vous permette de nouer une relation avec Lui – puis méditer et prier jusqu'à ce que cette conception mentale se transforme en perception concrète. C'est alors que vous Le connaîtrez. Si vous persistez, le Seigneur viendra à vous.

❖ ❖ ❖

Certaines personnes dépeignent leur Créateur comme un être qui met l'homme à l'épreuve de façon tyrannique avec le brouillard de l'ignorance et le feu de la punition, un être qui juge les actions de l'homme avec une sévérité impitoyable. Ils dénaturent ainsi le véritable concept de Dieu, Père Céleste affectueux et compatissant, en donnant de Lui une fausse image, celle d'un tyran sévère, impitoyable et vindicatif. Mais les fidèles qui communient avec Dieu savent qu'il est insensé de Le considérer autrement que comme l'Être miséricordieux, la Source infinie d'amour et de bonté.

❖ ❖ ❖

Dieu est Félicité éternelle. Il est, par essence, amour, joie et sagesse. À la fois personnel et impersonnel, Il se manifeste comme bon Lui semble. Aux êtres saints, Il se révèle sous la forme qui leur est chère : le chrétien voit le Christ, l'hindou Krishna ou la Mère Divine, et ainsi de suite. Les croyants dont le culte prend une tournure impersonnelle prennent conscience du Seigneur dans la Lumière infinie ou dans le merveilleux son *Aum*, Parole originelle, l'Esprit Saint. L'expérience suprême dans la vie d'un homme est de ressentir cette Félicité infinie qui contient en elle tous les autres aspects de la Divinité : amour, sagesse et immortalité.

Mais comment pourrais-je vous décrire par des mots la nature de Dieu ? Il est ineffable, indescriptible. Ce n'est qu'en méditant profondément que vous connaîtrez Son essence incomparable.

La preuve de la réponse de Dieu

« Monsieur, je ne semble faire aucun progrès dans mes méditations. Je ne vois et n'entends rien, disait un étudiant. »

Paramahansa Yogananda répondit :

« Cherchez Dieu pour l'amour de Dieu. La perception suprême est de Le ressentir en tant que Félicité jaillissant des profondeurs infinies de votre être. N'aspirez pas à avoir des visions, ni à vivre des phénomènes spirituels ou des expériences sensationnelles. Le chemin qui mène au Divin n'est pas un cirque ! »

❖ ❖ ❖

Une des principales causes de découragement spirituel chez les disciples provient du fait qu'ils s'attendent généralement à ce que la réponse de Dieu se manifeste par une extase éblouissante et béatifique. En raison de cette notion erronée, les fidèles ne sont plus à même de percevoir les réponses subtiles du Divin déjà présentes dès la pratique initiale de la méditation. Car Dieu répond à chaque effort et à chaque appel de dévotion du croyant. Même si vous débutez dans la méditation, vous prendrez conscience de ce fait dans votre propre quête spirituelle si vous apprenez à reconnaître Dieu dans la silencieuse paix intérieure qui s'empare alors de votre conscience. Cette paix est la première preuve de la présence de Dieu en vous. Vous saurez ainsi que c'est Lui qui vous a guidé et inspiré à prendre les bonnes décisions dans la vie. Vous ressentirez qu'avec Sa force vous êtes capable de vaincre les mauvaises habitudes et de développer des qualités spirituelles. Vous saurez qu'Il est la joie et l'amour infinis jaillissant des profondeurs de votre être pour se répandre sur votre vie quotidienne et sur votre entourage.

❖ ❖ ❖

Plus vous ressentirez de paix pendant la méditation, plus vous serez près de Dieu. Il se rapproche de plus en plus de vous à mesure que vous entrez dans la méditation profonde. La paix trouvée dans la méditation est le langage de Dieu et Son tendre réconfort. Dieu est donc présent sur le trône même de votre paix intérieure. Trouvez-Le d'abord dans cette paix et Il vous accompagnera ensuite dans toutes les nobles poursuites de la vie, dans les véritables amitiés, dans la beauté de la nature, dans les bons livres, dans les pensées et les aspirations élevées... Quand vous connaîtrez Dieu en tant que paix intérieure, vous réaliserez qu'Il est la paix existant dans l'harmonie de tout l'univers.

❖ ❖ ❖

« Bien que j'essaie de calmer mon esprit, je suis impuissant à bannir mes pensées agitées et à pénétrer le monde intérieur, remarqua un visiteur. Je dois manquer de dévotion.

— Rester assis dans le silence en essayant de ressentir de la dévotion risque souvent de ne vous mener nulle part, répondit Paramahansa Yogananda. C'est pourquoi j'enseigne les techniques scientifiques de méditation. Pratiquez-les et vous serez alors capable de déconnecter l'esprit des distractions sensorielles et du flux incessant des pensées.

« Grâce au *Kriya Yoga*, la conscience humaine fonctionne sur un plan plus élevé ; la dévotion envers l'Esprit infini jaillit alors spontanément du cœur de l'homme. »

❖ ❖ ❖

La preuve essentielle de la réalisation du Soi – de la prise de conscience de Dieu en soi – est d'être réellement heureux, indépendamment de toutes conditions. Si, pendant la méditation, vous expérimentez une joie toujours plus grande et ininterrompue, vous pouvez avoir la certitude que Dieu manifeste ainsi Sa présence en vous.

❖ ❖ ❖

Même les vrais fidèles pensent parfois que Dieu ne répond pas à leurs prières. En fait, Il répond silencieusement à travers Ses propres lois ; mais tant qu'Il n'est pas absolument sûr de leur sincérité, Il ne leur répondra, ni ne leur parlera ouvertement. Le Seigneur des Univers est d'une telle humilité qu'Il ne parle pas, de crainte que ce faisant Il n'influence l'usage du libre arbitre dont Il a doté l'homme, en lui permettant de Le choisir ou de Le rejeter. Une fois que vous Le connaîtrez, cela ne fait aucun doute que vous L'aimerez. Qui pourrait résister à l'Irrésistible ? Mais vous devez Lui prouver votre amour inconditionnel afin de Le connaître. Vous devez avoir la foi. Vous devez savoir qu'au moment même où vous priez, Dieu vous écoute. C'est alors qu'Il se révélera à vous.

❖ ❖ ❖

Quand Dieu ne répond pas à vos prières, c'est parce que vous manquez de ferveur. Si vous Lui offrez des prières sans réelles convictions, vous ne pouvez espérer attirer l'attention du Père Céleste. Persévérance, régularité et ferveur profonde sont les seuls moyens d'atteindre Dieu dans la prière. Éliminez de votre esprit toute négativité comme la peur, l'inquiétude ou la colère, puis remplissez-le de pensées d'amour, de générosité et d'attente joyeuse. Dans le sanctuaire de votre cœur, ne doit être enchâssée qu'une seule puissance, une seule joie, une seule paix : Dieu.

L'élément personnel dans la recherche de Dieu

Il y a dans la recherche de Dieu un élément personnel qui est plus important que la maîtrise de toute la science du Yoga. Le Père Céleste veut être sûr que Ses enfants ne désirent que Lui, que rien d'autre ne les satisfera. Quand Dieu ressent qu'Il n'occupe pas la première place dans le cœur de Ses fidèles, Il se tient à l'écart. Mais à celui qui Lui dit : « Ô Seigneur, peu importe si je ne dors pas cette nuit, tant que je suis en Ta présence », Il viendra. N'en doutez point ! Dissimulé derrière les innombrables écrans de ce monde mystérieux, le Souverain de la création s'avancera pour se révéler derrière chacun d'eux. Il parle à Ses fidèles sincères et joue à cache-cache avec eux. Parfois, s'ils sont dans l'inquiétude, Il leur dévoile subitement une vérité rassurante. En temps voulu, Il exauce directement ou indirectement tous les souhaits de Ses fidèles.

❖ ❖ ❖

Pour amener Dieu à se donner à nous, il faut un zèle constant et soutenu. Ce zèle, personne ne peut vous l'enseigner. C'est à vous de le développer. « On peut mener un cheval à l'abreuvoir, mais pas le forcer à boire. » Pourtant, quand le cheval a soif, il recherche l'eau avec ardeur. De même, quand vous serez assoiffé de Dieu, que vous n'accorderez d'importance excessive à rien d'autre – ni aux épreuves de ce monde, ni à celles du corps – alors Il viendra.

❖ ❖ ❖

Le facteur principal de réussite dans la quête de Dieu est d'avoir résolument le désir de Le connaître.

❖ ❖ ❖

Bien que Dieu entende toutes nos prières, Il ne répond pas toujours. Nous sommes dans la même situation que l'enfant réclamant sa mère ; celle-ci ne juge pas toujours nécessaire de venir immédiatement et lui envoie un jouet pour qu'il se tienne tranquille. Mais quand l'enfant refuse tout autre réconfort que la présence de sa mère, alors elle vient. Si vous voulez connaître Dieu, vous devez vous conduire comme le vilain bébé qui crie jusqu'à ce que sa mère arrive.

❖ ❖ ❖

N'abandonnez pas après seulement une ou deux transmissions mentales, mais avec un zèle toujours plus intense dans le cœur, continuez consciemment et sans relâche à L'invoquer jusqu'à ce que vous sentiez un frémissement de joie parcourir tout votre corps.

❖ ❖ ❖

Quand vous ressentirez un formidable frémissement de joie se répandre dans votre cœur et dans votre corps tout entier, puis continuer à augmenter même au-delà de la méditation, vous aurez la preuve indubitable que Dieu a transmis Sa réponse par la radio de votre cœur réglée sur les ondes de dévotion.

❖ ❖ ❖

En Lui, vous trouverez tout l'amour de tous les cœurs. Vous trouverez la plénitude. Tout ce que le monde vous donne puis vous retire en vous laissant dans le chagrin et la désillusion, vous le trouverez en Dieu au centuple et sans risque de chagrin en retour.

❖ ❖ ❖

Il est le plus proche des êtres proches, le plus cher des êtres chers. Aimez-Le comme l'avare aime l'argent, comme l'homme éperdu d'amour aime sa bien-aimée et comme celui qui se noie aime l'air. Si vous cherchez Dieu avec intensité, Il viendra à vous.

❖ ❖ ❖

Le Chercheur de cœurs ne souhaite que votre amour sincère. Il est comme un petit enfant à qui l'on a beau offrir toute la richesse du monde, Il la rejette ; cependant, si l'on s'écrie : « Ô Seigneur, je T'aime ! » Il se précipite dans notre cœur.

❖ ❖ ❖

Dieu ne vous dira pas de Le désirer par-dessus tout, car Il veut que vous Lui donniez votre amour en toute liberté, sans « y être poussé ». Tel est tout le secret du jeu de l'univers. Lui qui nous a créés, se languit de notre amour. Il veut que nous le Lui donnions spontanément, sans qu'Il nous le demande. Notre amour est la seule chose que Dieu ne peut obtenir sans que nous choisissions de le Lui offrir. Vous voyez donc que même le Seigneur a quelque chose à acquérir : notre amour. Nous ne serons jamais heureux tant que nous ne le Lui aurons pas donné.

❖ ❖ ❖

Le plus grand amour que vous puissiez vivre réside dans la communion avec Dieu pendant la méditation. L'amour entre l'âme et l'Esprit est le parfait amour, celui que tout le monde recherche. Quand vous méditez, l'amour grandit. Mille émotions traversent le cœur… Si vous méditez profondément, vous serez envahi d'un amour qu'aucun mot ne peut décrire. Vous connaîtrez Son amour divin et saurez le transmettre aux autres dans toute sa pureté.

❖ ❖ ❖

Si vous pouviez ressentir ne serait-ce qu'une particule d'amour divin, si grande, si débordante serait votre joie que vous ne pourriez la contenir.

❖ ❖ ❖

Si nous sommes à l'unisson avec Dieu, nos perceptions s'étendent à l'infini dans le flot océanique de la Présence divine. Quand l'Esprit est reconnu et que nous nous reconnaissons dans l'Esprit, il n'y a plus de terre ni de mer, de monde ni de ciel – tout est Lui. La fusion de toute chose dans l'Esprit est un état que nul ne peut décrire. On éprouve alors une immense félicité : une plénitude éternelle de joie, de connaissance et d'amour.

❖ ❖ ❖

L'amour de Dieu, l'amour de l'Esprit, est un amour qui consume tout. Une fois que vous l'aurez expérimenté, il vous conduira toujours plus loin dans les royaumes éternels. Cet amour ne pourra vous être ôté, il continuera de brûler dans votre cœur ; de sa flamme émanera le grand magnétisme de l'Esprit attirant les autres à vous ainsi que tout ce dont vous avez réellement besoin ou tout ce que vous désirez.

Je vous dis en vérité que j'ai obtenu la réponse à toutes mes questions, non pas des hommes, mais de Dieu. Il *est*. Il *est*. C'est Son esprit qui vous parle à travers moi. C'est de Son amour que je vous parle. Par vagues successives, tel un doux zéphyr, Son amour enveloppe l'âme. Au fil des jours, des semaines et des années, cet amour grandit, sans que vous en connaissiez la fin. C'est ce que vous recherchez tous sans exception. Vous croyez désirer l'amour humain et la prospérité, mais derrière eux, c'est le Père qui vous appelle. Si vous prenez conscience qu'Il est plus précieux que tous Ses présents, vous Le trouverez.

❖ ❖ ❖

L'homme est venu sur terre à seule fin d'apprendre à connaître Dieu ; c'est sa seule raison d'être. Tel est le véritable message du Seigneur. À tous ceux qui Le recherchent et qui L'aiment, Il parle de cette Vie sublime où n'existent ni souffrance, ni vieillesse, ni guerre, ni mort, mais uniquement la sécurité éternelle. Dans cette Vie-là, rien n'est détruit. Seul existe un bonheur ineffable dont on ne se lasse jamais : un bonheur qui est toujours nouveau.

C'est pourquoi il est indispensable de chercher Dieu. Tous ceux qui Le cherchent sincèrement, Le trouveront sûrement. Ceux qui veulent aimer le Seigneur, qui aspirent à pénétrer dans Son royaume et qui brûlent du désir profond et sincère de Le connaître, Le trouveront. Vous devez brûler, jour et nuit, d'un désir toujours plus intense de connaître Dieu. En reconnaissance de votre amour, Il tiendra éternellement Ses promesses envers vous et vous éprouverez une joie et un bonheur sans fin. Tout est lumière, tout est joie, tout est paix, tout est amour. Il est tout.

PRIÈRES ET AFFIRMATIONS

Apprends-moi à trouver Ta présence sur l'autel de ma paix constante et dans la joie qui jaillit de la méditation profonde.

❖ ❖ ❖

Accorde-moi la grâce de Te percevoir dans le temple de chacune de mes pensées et de mes actions. En Te trouvant à l'intérieur de moi, je Te trouverai à l'extérieur de moi, en tout être et en toute situation.

QUELQUES MOTS SUR L'AUTEUR

« La vie de Paramahansa Yogananda est une par-
faite expression de l'idéal de l'amour pour Dieu, de
l'idéal du dévouement à l'humanité... Bien qu'il
ait passé la plus grande partie de sa vie en dehors
de l'Inde, son pays natal, il occupe néanmoins une
place privilégiée parmi nos plus grands saints. Son
œuvre continue à grandir et à rayonner toujours da-
vantage, attirant des âmes de tous les horizons sur
le chemin de la connaissance de l'Esprit divin. »

—extrait d'un hommage que le gouvernement de l'Inde
a rendu à Paramahansa Yogananda, lors de l'émission
d'un timbre commémoratif en son honneur, le jour du
vingt-cinquième anniversaire de sa mort.

Né en Inde le 5 janvier 1893, Paramahansa Yogananda a
cherché toute sa vie à aider les autres, quelles que soient
leur race et leur religion, à réaliser et à exprimer davantage
dans leur vie la beauté, la noblesse et la divinité véritable
de l'âme humaine.

Après avoir été titulaire, en 1915, d'un diplôme de
l'Université de Calcutta, Sri Yogananda prononça formel-
lement ses vœux monastiques dans l'Ordre vénérable des
Swamis de l'Inde. Deux ans plus tard, il commença l'œuvre
de toute sa vie en fondant une école destinée à préparer les
jeunes garçons à l'« art de vivre » – institution qui compte
maintenant une vingtaine d'établissements dans l'Inde entière. Aux matières d'enseignement général et traditionnel,
ces écoles associent l'entraînement yoguique et l'exposition
de principes spirituels. En 1920, il fut invité en tant que dé-
légué de l'Inde au Congrès international des Religieux libé-
raux à Boston. Le discours qu'il fit à ce Congrès fut accueilli
avec enthousiasme, comme les conférences qu'il donna par
la suite sur la côte est des États-Unis. En 1924, il entreprit
une tournée de conférences le menant à travers tout le pays
jusqu'à la côte ouest.

Pendant les trois décennies suivantes, Paramahansa
Yogananda contribua grandement à susciter en Occident

un vif intérêt pour la sagesse spirituelle de l'Inde. Il établit à Los Angeles le siège international de la Self-Realization Fellowship – société religieuse non sectaire qu'il avait fondée en 1920. Par ses écrits, par ses tournées de conférences, par la création de nombreux temples et centres de méditation de la Self-Realization Fellowship, il fit connaître à des milliers de personnes l'ancienne science du Yoga, sa philosophie et ses méthodes de méditation, d'application universelle.

Aujourd'hui, l'œuvre spirituelle et humanitaire entreprise par Paramahansa Yogananda se poursuit sous la direction de Sri Daya Mata, l'une de ses premières et plus proches disciples, et présidente depuis 1955 de la Self-Realization Fellowship/Yogoda Satsanga Society of India. C'est sous l'égide de cette société que sont édités les écrits, conférences et entretiens de Paramahansa Yogananda (dont une série complète de leçons par correspondance). La société est également en charge des différentes activités des temples, retraites et centres de méditation de la Self-Realization Fellowship dans le monde entier, comme des communautés monastiques de l'Ordre de la Self-Realization et du Cercle de Prière Universel.

Dans un article sur la vie et l'œuvre de Sri Yogananda, Quincy Howe, Jr., professeur de langues mortes au Scripps College, a écrit : « Paramahansa Yogananda a apporté à l'Occident non seulement cette promesse éternelle de l'Inde : "il est possible de connaître Dieu", mais également la méthode pratique permettant à tous les chercheurs spirituels, quelle que soit leur condition sociale, de progresser rapidement vers ce but. D'abord apprécié en Occident sur le plan élevé des abstractions, le legs spirituel de l'Inde est maintenant accessible, par la pratique et l'expérience, à tous ceux qui aspirent à connaître Dieu, non pas dans l'au-delà, mais ici et maintenant... Yogananda a mis à la portée de tous les méthodes sublimes de la contemplation. »

La vie et les enseignements de Paramahansa Yogananda sont décrits dans son *Autobiographie d'un Yogi* (voir page 199).

PARAMAHASA YOGANANDA
Un yogi dans la vie et dans la mort

Paramahansa Yogananda est entré en *mahasamadhi* (état où, à la mort, le yogi quitte consciemment son corps physique), à Los Angeles, Californie, le 7 mars 1952, après avoir prononcé une allocution lors d'un banquet donné en l'honneur de M. Binay R. Sen, ambassadeur de l'Inde.

Le grand maître, mondialement connu, a démontré la valeur du yoga (ensemble de techniques scientifiques utilisées pour atteindre la réalisation de Dieu) non seulement dans la vie, mais aussi dans la mort. Plusieurs semaines après son décès, son visage immuable resplendissait de la lumière divine de l'incorruptibilité.

M. Harry T. Rowe, directeur de Forest Lawn Memorial-Park, cimetière de Los Angeles où le corps du grand yogi repose provisoirement, envoya à la Self-Realization Fellowship une lettre notariée dont voici quelques extraits :

« L'absence de tout signe visible de décomposition du corps de Paramahansa Yogananda offre le cas le plus extraordinaire qu'il nous ait été donné d'observer... Vingt jours après son décès, son corps ne présentait aucune détérioration physique... Aucune trace d'altération n'était visible sur sa peau, aucune dessiccation (dessèchement) ne s'était produite dans les tissus de son corps. Cet état de parfaite conservation d'un corps est, pour autant que nous le sachions, unique dans les annales mortuaires... Lorsque le corps de Yogananda est arrivé au dépôt mortuaire de Forest Lawn, notre personnel s'attendait à voir, par la vitre du cercueil, les signes habituels de décomposition. Notre étonnement grandissait au fur et à mesure que les jours passaient sans que nous puissions observer aucun changement visible de son corps. En fait le corps de Yogananda présentait clairement un phénomène d'incorruptibilité...

« Aucune odeur de décomposition n'a jamais émané de son corps... L'apparence physique de Yogananda à la date du 27 mars, juste avant que le couvercle de bronze du cercueil ne soit mis en place, était la même que celle qu'il avait le 7 mars au soir de son décès. Le corps paraissait aussi intact qu'il l'était alors. Le 27 mars, on pouvait affirmer qu'il n'avait jamais subi le moindre signe visible de décomposition. Pour cette raison, nous répétons que le cas de Paramahansa Yogananda est tout à fait unique dans nos annales. »

BUTS ET IDÉAUX
DE LA
SELF-REALIZATION FELLOWSHIP

Paramahansa Yogananda : fondateur
Sri Daya Mata : présidente

Les buts et idéaux de la Self-Realization Fellowship ont été énoncés par Paramahansa Yogananda comme suit :

Répandre dans tous les pays la connaissance de techniques scientifiques permettant de faire l'expérience personnelle et directe de Dieu.

Enseigner que le but de la vie est de faire évoluer, par l'effort personnel, la conscience mortelle et limitée de l'homme jusqu'à lui faire atteindre la conscience de Dieu ; et, à cette fin, établir dans le monde entier des temples de la Self-Realization Fellowship pour communier avec Dieu et aussi encourager l'établissement de temples de Dieu individuels dans le foyer et dans le cœur de chaque homme.

Révéler l'harmonie complète et l'unité essentielle existant entre le Christianisme originel, tel que Jésus-Christ l'a enseigné, et le Yoga originel, tel que Bhagavan Krishna l'a enseigné ; et montrer que les principes de vérité qu'ils contiennent constituent la base scientifique commune à toutes les vraies religions.

Indiquer la seule « Grande Voie » divine où finissent par aboutir tous les sentiers des croyances religieuses : la Voie de la méditation quotidienne, scientifique et fervente sur Dieu.

Affranchir l'homme de ses triples souffrances : maladies physiques, travers psychologiques et ignorance spirituelle.

Encourager « une vie simple aux pensées élevées » ; et répandre chez tous les peuples un esprit de fraternité, en leur enseignant la base éternelle de leur unité : leur parenté avec Dieu.

Démontrer la supériorité de l'esprit sur le corps et de l'âme sur l'esprit.

Triompher du mal par le bien, de la peine par la joie, de la cruauté par la bonté et de l'ignorance par la sagesse.

Unir science et religion en réalisant l'unité de leurs principes fondamentaux.

Favoriser la compréhension spirituelle et culturelle entre l'Orient et l'Occident ainsi que l'échange de leurs qualités respectives les plus nobles.

Servir l'humanité comme étant son propre Soi universel.

Du même auteur :

AUTOBIOGRAPHIE D'UN YOGI

Cette œuvre autobiographique, unanimement appréciée, brosse le portrait fascinant d'une des grandes figures spirituelles de notre temps. Attachante par sa franchise et son pouvoir évocateur ainsi que par l'esprit de Paramahansa Yogananda, elle retrace l'histoire captivante de sa vie – les événements de son enfance remarquable, ses rencontres avec nombre de saints et de sages lorsque adolescent il parcourait l'Inde à la recherche d'un maître ayant atteint l'illumination divine, ses dix années de formation spirituelle dans l'ermitage de son maître de yoga vénéré et les trente années pendant lesquelles il a vécu et enseigné aux États-Unis. Ce livre relate aussi ses entrevues avec le Mahatma Gandhi, Rabindranath Tagore, Luther Burbank, la catholique stigmatisée Thérèse Neumann, et avec d'autres personnalités spirituelles célèbres d'Orient et d'Occident.

L'*Autobiographie d'un Yogi* est non seulement le récit fort bien écrit d'une vie exceptionnelle, mais aussi une lumineuse introduction à l'ancienne science du Yoga et à sa pratique séculaire de la méditation. L'auteur y explique clairement les lois subtiles, mais précises, qui sous-tendent les événements ordinaires de la vie quotidienne ainsi que les événements extraordinaires qu'on appelle communément « miracles ». L'histoire passionnante de sa vie amène ainsi le lecteur à pénétrer le domaine des mystères essentiels de l'existence humaine et à y réfléchir.

Considéré de nos jours comme un classique en matière de spiritualité, ce livre a été traduit en dix-huit langues et de nombreuses universités l'utilisent comme texte de base et ouvrage de référence. L'*Autobiographie d'un Yogi* n'a cessé d'être un succès de librairie depuis sa parution, il y a plus de cinquante ans, et a réussi à toucher le cœur de millions de lecteurs dans le monde entier.

« Un récit hors du commun. »   — THE NEW YORK TIMES

« Une étude fascinante et clairement annotée. »   — NEWSWEEK

« Ce livre présentant le yoga est en tous points supérieur à tout ce qui a déjà été écrit sur le sujet en langue anglaise ou en tout autre langue européenne. »   — COLUMBIA UNIVERSITY PRESS

LIVRES DE
PARAMAHANSA YOGANANDA

Disponibles auprès de l'éditeur :

SELF-REALIZATION FELLOWSHIP
3880 San Rafael Avenue • Los Angeles, CA 90065-3219
Tél : (323) 225-2471 • Fax : (323) 225-5088
www.yogananda-srf.org

Traduits en français :

Autobiographie d'un Yogi

La Science sacrée

Comment peut-on converser avec Dieu ?

La Loi du succès

Relation entre gourou et disciple

En langue anglaise :

Autobiography of a Yogi

God Talks With Arjuna : The Bhagavad Gita
(A New Translation and Commentary)

The Second Coming of Christ : The Resurrection of the
Christ Within You

The Yoga of the Bhagavad Gita : An Introduction to India's
Universal Science of God-Realization

The Yoga of Jesus : Understanding the Hidden Teachings of
the Gospels

Man's Eternal Quest

The Divine Romance

Journey to Self-realization

Wine of the Mystic : The Rubaiyat of Omar Khayyam
(A Spiritual Interpretation)

Where There Is Light : Insight and Inspiration for Meeting
Life's Challenges

Whispers from Eternity

The Science of Religion

In the Sanctuary of the Soul : A Guide to Effective Prayer

Inner Peace : How to Be Calmly Active and Actively Calm

How You Can Talk With God

Metaphysical Meditations

Scientific Healing Affirmations

Sayings of Paramahansa Yogananda

Songs of the Soul

The Law of Success

Cosmic Chants : Spiritualized Songs for Divine Communion

Le catalogue comprenant la liste complète de nos livres et enregistrements audio et vidéo est disponible sur demande.

Les Leçons de la Self-Realization Fellowship

Les techniques scientifiques de méditation enseignées par Paramahansa Yogananda, y compris le *Kriya Yoga*, sont exposées dans les *Leçons de la Self-Realization Fellowship*. Pour de plus amples renseignements, veuillez nous demander notre brochure gratuite d'introduction en français : *Qu'est-ce que la Self-Realization Fellowship ?*, ou notre brochure en anglais : *Undreamed-of Possibilities.*

GLOSSAIRE

Aum (Om) : Mot-racine sanskrit, ou son primordial, symbolisant l'aspect de la Divinité qui crée et soutient toutes choses ; c'est la Vibration cosmique. L'*Aum* des Védas devint l'*Hum*, mot sacré des Tibétains, l'*Amin* des Musulmans et l'*Amen* des Égyptiens, des Grecs, des Romains, des Juifs et des Chrétiens. Les grandes religions du monde affirment que toutes choses créées ont leur origine dans l'énergie vibratoire cosmique de l'Aum ou Amen, la Parole ou Saint-Esprit. « Au commencement était la Parole et la Parole était avec Dieu, et la Parole était Dieu... Toutes choses ont été faites par elle [la Parole ou *Aum*], et rien de ce qui a été fait n'a été fait sans elle. » (Jean 1 : 1, 3.)

Amen en hébreux signifie *sûr, fidèle*. « Voici ce que dit l'Amen, le Témoin fidèle et véritable, le Principe de la création de Dieu. » (Révélations 3 : 14.) De même qu'un son est le produit de la vibration d'un moteur en marche, de même le son omniprésent de l'*Aum* témoigne fidèlement de la marche du « Moteur cosmique » qui soutient toute vie et chaque atome de la création grâce à l'énergie vibratoire. Dans les *Leçons de la Self-Realization Fellowship* (*cf. définition*) Paramahansa Yogananda enseigne des techniques de méditation dont la pratique permet de faire l'expérience directe de Dieu en tant que *Aum* ou Saint-Esprit. Cette communion bienheureuse avec l'invisible Pouvoir divin (« le Consolateur, qui est le Saint-Esprit » – Jean 14 : 26) est la véritable base scientifique de la prière.

avatar : Incarnation divine ; issu du sanskrit *avatara*, dont les racines sont *ava* : « en bas » et *tri* : « passer ». On appelle avatar celui qui parvient à s'unir à l'Esprit et qui retourne ensuite sur terre pour aider l'humanité.

Bhagavad Gita : « Chant du Seigneur ». Écriture sacrée comportant dix-huit chapitres et faisant partie du *Mahabharata*, poème épique de l'Inde ancienne. Présentée sous forme de dialogue entre le Seigneur Krishna, qui est un avatar (*cf. définition*) et son disciple Arjuna à la veille de la bataille historique de Kurukshetra, la Gita traite en profondeur de la science du Yoga (union avec Dieu) et donne des préceptes intemporels pour atteindre le bonheur et le succès dans la vie quotidienne. À propos de cette Écriture sacrée universelle, le Mahatma Gandhi écrivit : « Ceux qui méditeront sur la Gita en retireront chaque jour une joie et une compréhension nouvelles. Il n'y a pas un seul problème spirituel que la Gita ne puisse résoudre. »

Les citations de la Bhagavad Gita qui se trouvent dans le texte et les notes de bas de page de ce livre ont été traduites du sanskrit par Paramahansa Yogananda, parfois littéralement, parfois sous forme de paraphrase.

Bhagavan Krishna : Avatar (*cf. définition*) ayant vécu en Inde bien des siècles avant l'ère chrétienne. Un des sens donnés au mot *Krishna* dans les Écritures de l'Inde est « Esprit omniscient ». Ainsi *Krishna*, comme *Christ*, est un titre évoquant la grandeur spirituelle de l'avatar – son unité avec Dieu. (Voir *Conscience Christique*.) Le titre *Bhagavan* signifie « Seigneur ».

Centre christique : Centre de la concentration et de la volonté, en un point situé entre les sourcils, siège de la Conscience Christique et de l'œil spirituel (*cf. définitions*).

Conscience Christique : « Christ » ou « Conscience Christique » est la projection de la conscience de Dieu, immanente à toute la création. Dans les Écritures chrétiennes, on l'appelle « le Fils unique de Dieu », le seul pur reflet, dans la création, de Dieu le Père. Dans les Écritures de l'Inde, on l'appelle *Kutastha Chaitanya*, l'intelligence cosmique de l'Esprit, partout présente dans la création. C'est la conscience universelle, l'unité avec Dieu, manifestée par Jésus, Krishna et d'autres avatars. Elle est connue des grands saints et des yogis lorsqu'ils atteignent cet état de méditation appelé « *samadhi* » (*cf. définition*). Dans cet état, leur conscience s'est identifiée avec l'intelligence présente dans chaque particule de la création et ils perçoivent l'univers tout entier comme leur propre corps.

Conscience Cosmique : L'Absolu, l'Esprit au-delà de la création. C'est aussi l'état de méditation appelé *samadhi* ou l'union avec Dieu à la fois au-delà de la création vibratoire et dans celle-ci.

égoïsme : Le principe de l'ego, *ahamkara* en sanskrit (littéralement : « Je fais »), est la cause première de la dualité ou séparation apparente entre l'homme et son Créateur. L'égoïsme met les êtres humains sous la domination de *maya* (*cf. définition*), par laquelle l'âme, induite en erreur, s'identifie à tort avec les limitations de la conscience du corps et oublie son unité avec Dieu, l'unique Auteur. (*Voir Soi.*)

guru : Maître spirituel. Bien que le mot guru soit souvent employé à tort pour désigner simplement un professeur ou un instructeur, un véritable guru ayant atteint l'illumination divine est celui qui, parvenu à la maîtrise de soi, a réalisé son identité avec l'Esprit omniprésent. Seul un tel être est qualifié pour guider les autres dans leur propre cheminement spirituel.

karma : Les effets découlant des actions accomplies dans cette vie ou dans les vies précédentes ; mot provenant du sanskrit « *kri* » : faire. La loi du karma est la loi de l'action et de la réaction, de la cause et de l'effet, de la récolte de ce qui a été semé. Du fait de cette justice naturelle, les êtres humains deviennent, par leurs pensées et leurs actions, les artisans de leur propre destinée. Quelles que soient les formes d'énergie qu'une personne met en jeu, avec ou sans discernement, celles-ci retourneront à cette personne, c'est-à-dire à leur point de départ, tel un cercle se refermant inexorablement sur lui-même. Comprendre le karma comme la loi de la justice permet à l'homme de libérer son esprit du ressentiment envers Dieu et son prochain. Le karma individuel poursuit toute personne, d'une incarnation à l'autre, jusqu'à ce qu'elle s'en acquitte ou le transcende spirituellement. (Voir *réincarnation*)

Krishna : Voir *Bhagavan Krishna*

Kriya Yoga : Science spirituelle sacrée, originaire de l'Inde où elle remonte à des millénaires. Elle comporte certaines techniques de méditation (*cf. définition*) dont la pratique assidue conduit à l'expérience directe et personnelle de Dieu. Le *Kriya Yoga*, forme de *Raja Yoga* (Yoga « royal » ou « complet »), est célébré par Krishna dans la Bhagavad Gita et par Patanjali dans les *Yoga Sutras*. Notre âge a vu revivre la science du *Kriya Yoga* grâce à Mahavatar Babaji (*cf. définition*). Celui-ci choisit Paramahansa Yogananda pour répandre cette science sacrée dans le monde entier et pour établir une société qui en préserve toute la pureté originelle pour les générations futures. Le *Kriya Yoga* est expliqué au chapitre 26 de l'*Autobiographie d'un Yogi* et est enseigné dans les *Leçons de la Self-Realization Fellowship* aux étudiants qui remplissent les conditions spirituelles requises.

Lahiri Mahasaya : *Lahiri* était le nom de famille de Shyama Charan Lahiri (1828-1895). *Mahasaya*, titre religieux sanskrit, signifie « large d'esprit ». Lahiri Mahasaya était un disciple de Mahavatar Babaji et le guru de Swami Sri Yukteswar (le guru de Paramahansa Yogananda). Lahiri Mahasaya fut celui auquel Babaji révéla l'ancienne science du *Kriya Yoga* (*cf. définition*), qui était alors pratiquement tombée dans l'oubli. Figure majeure de la renaissance du Yoga dans l'Inde moderne, il instruisit et donna sa bénédiction à un nombre incalculable de chercheurs spirituels qui vinrent à lui et cela sans distinction de classe sociale ou de croyance religieuse. C'était un maître de stature christique possédant des pouvoirs miraculeux ; mais c'était aussi un chef de famille ayant des responsabilités professionnelles et il fit ainsi la démonstration que, dans notre monde moderne, on peut avoir une vie idéalement équilibrée en associant la pratique de la méditation à l'accomplissement correct de ses devoirs matériels. La vie de Lahiri Mahasaya est décrite dans *Autobiographie d'un Yogi*.

Leçons de la Self-Realization Fellowship : Les enseignements de Paramahansa Yogananda, rassemblés en une série complète de leçons à étudier chez soi, sont mis à la disposition des chercheurs sincères en quête de vérité du monde entier. Ces leçons contiennent les techniques de méditation du Yoga, enseignées par Paramahansa Yogananda, dont le *Kriya Yoga* (*cf. définition*) pour ceux qui remplissent les conditions requises. Les renseignements concernant ces Leçons sont disponibles sur demande auprès du siège international de la Self-Realization Fellowship.

Mahavatar Babaji : L'immortel *mahavatar* (« grand *avatar* ») qui en 1861 enseigna le *Kriya Yoga* (*cf. définition*) à Lahiri Mahasaya et permit ainsi au monde de redécouvrir cette science spirituelle qui avait disparu pendant des siècles. De plus amples renseignements sur sa vie et sa mission spirituelle sont donnés dans *Autobiographie d'un Yogi*. (Voir *avatar.*)

maya : Pouvoir engendrant l'illusion et inhérent à la structure de la création, selon lequel l'Unique apparaît multiple. *Maya* est le principe de la relativité, des contraires, de la dualité, des états opposés, le « Satan » (littéralement, en hébreu, l' « adversaire ») des prophètes de l'Ancien Testament ; c'est aussi le « diable » que le Christ décrit de façon pittoresque comme « un meurtrier », et un « menteur » parce qu' « il n'y a point de vérité en lui » (Jean 8 : 44).

Paramahansa Yogananda a écrit :

« Le mot sanskrit *maya* signifie « le mesureur », le pouvoir magique de la création qui fait apparaître des limitations et des divisions au sein de l'Immensurable et de l'Indivisible. *Maya* est la Nature elle-même – les mondes phénoménaux, toujours en continuels changements transitoires, opposés à l'Immutabilité divine.

« Dans le plan et le jeu (*lila*) de Dieu, la seule fonction de Satan ou *maya* est d'essayer de détourner l'homme de l'Esprit ou Réalité vers la matière ou irréalité. "Le diable pèche dès le commencement. Le Fils de Dieu a paru afin de détruire les œuvres du diable." (I Jean 3 : 8.) C'est ainsi que la manifestation de la Conscience Christique qui se trouve dans l'homme lui-même, détruit sans effort les illusions ou "œuvres du diable".

« *Maya* représente l'aspect transitoire de la Nature, le devenir perpétuel de la création ; le voile que chaque homme doit lever afin d'apercevoir le Créateur, l'Immuable sans changement, l'éternelle Réalité.

« L'homme est capable de créer à la fois la matière et la conscience dans le monde illusoire du rêve ; par conséquent, il ne devrait pas être difficile pour lui de réaliser que l'Esprit, en utilisant le pouvoir de *maya*, a créé pour l'homme le monde onirique de la vie ou existence consciente. Cependant ce monde est, en essence, aussi faux (parce qu'éphémère et toujours changeant) que le sont les expériences de l'homme dans l'état de rêve... L'homme dans son aspect d'être mortel rêve ainsi de dualités et de contrastes : vie et mort, santé et maladie, bonheur et chagrin, mais quand il s'éveille dans la conscience de l'âme, toutes les dualités disparaissent et il se connaît alors lui-même en tant qu'Esprit éternel et bienheureux. »

méditation : Concentration sur Dieu. Le terme est employé dans un sens général pour désigner la pratique de toute technique permettant d'intérioriser l'attention et de la concentrer sur un des aspects de Dieu. Dans un sens spécifique, la méditation est le résultat qui découle de la pratique réussie de telles techniques : l'expérience directe de Dieu à travers la perception intuitive. C'est la septième étape (*dhyana*) du sentier octuple du Yoga décrit par Patanjali, atteinte uniquement lorsque l'on a réussi à se concentrer intérieurement au point de n'être plus du tout distrait par les impressions sensorielles provenant du monde extérieur. Dans l'état de méditation le plus profond, on expérimente la huitième étape du sentier du Yoga : le *samadhi* (*cf. définition*), communion ou unité avec Dieu. (Voir aussi *Yoga*.)

Mère Divine : L'aspect de Dieu qui est actif dans la création ; la *shakti* ou pouvoir du Créateur transcendant. Les autres termes donnés à cet aspect de la Divinité sont : Nature ou *Prakriti*, *Aum*, Saint-Esprit, Vibration Cosmique intelligente. C'est aussi l'aspect personnel de Dieu en tant que Mère, représentant l'amour et la compassion du Seigneur. Les Écritures hindoues enseignent que Dieu est à la fois immanent et transcendant, personnel et impersonnel. On peut Le chercher en tant qu'Absolu ou en tant que manifestation de l'une de Ses qualités éternelles que sont l'amour, la sagesse, la félicité, la lumière, ou bien encore en tant que Père, Mère ou Ami céleste.

monde astral : Derrière l'univers physique de la matière se trouvent le monde astral, un monde subtil de lumière et d'énergie, et le monde causal ou monde de la pensée pure. Chaque être, chaque objet ou chaque vibration du plan physique a sa correspondance astrale, car le monde astral (les cieux) est la « réplique » de l'univers matériel. À la mort, chaque individu, même s'il s'est libéré de son enveloppe physique, reste vêtu d'un corps astral de lumière (d'apparence similaire à la forme terrestre qu'il vient de laisser derrière lui) et d'un corps causal de pensée. Il accède à l'une des nombreuses régions vibratoires du monde astral (« Il y a plusieurs demeures dans la maison de mon Père. » – Jean 14 : 2.) afin de continuer son évolution spirituelle en jouissant de la liberté plus grande qu'offre ce royaume subtil. Il y demeure un laps de temps prédéterminé par son karma jusqu'à sa renaissance dans le monde de la matière. (*voir réincarnation.*)

œil spirituel : Œil unique de l'intuition et de la perception omniprésente, situé au Centre christique (*cf. définition*) (kuthastha, *ajna chakra*) entre les sourcils ; c'est la porte qui mène aux états élevés de conscience. Jésus se réfère à la lumière divine que l'on perçoit par l'œil spirituel quand il dit : « Lorsque ton œil est unique, tout ton corps est éclairé… Prends donc garde que la lumière qui est en toi ne soit ténèbres. » (Luc 11 : 34-35.)

paramahansa : Titre spirituel qui désigne celui qui a atteint l'état suprême de la communion ininterrompue avec Dieu. Il ne peut être conféré que par un guru véritable à un disciple qualifié. Swami Sri Yukteswar décerna ce titre à Yogananda, son disciple bien-aimé, en 1935. *Paramahansa* signifie littéralement « cygne suprême ». Dans les Écritures hindoues, *hansa*, le cygne, symbolise le discernement spirituel.

prana : Énergie vitale ou force vitale. Énergie intelligente, plus subtile que l'énergie atomique ; principe de vie du cosmos physique et substance de base du monde astral (*cf. définition*). Dans le monde physique, il y a deux sortes de *prana* : (1) l'énergie vibratoire cosmique, omniprésente dans l'univers, qui structure et soutient toute chose ; (2) le *prana* spécifique ou l'énergie qui imprègne et soutient chaque corps humain.

réalisation du Soi : Paramahansa Yogananda a défini ainsi la réalisation du Soi : « Réaliser le Soi, c'est savoir sur les plans physique, mental et spirituel que nous ne faisons qu'un avec l'omniprésence de Dieu ; que nous n'avons pas à prier pour que celle-ci vienne à nous, non seulement parce que nous sommes près d'elle à chaque instant, mais parce que l'omniprésence de Dieu est notre propre omniprésence et que nous faisons autant partie de Dieu maintenant qu'à tout jamais. Il nous appartient simplement d'approfondir ce savoir. »

réincarnation : La doctrine selon laquelle les êtres humains se voient contraints par la loi de l'évolution à s'incarner de façon répétée dans des vies terrestres pour progresser toujours davantage. Ils peuvent être retardés dans leur évolution par des désirs et des actions nuisibles ou bien avancer grâce à leurs efforts spirituels jusqu'à atteindre la réalisation du Soi et l'union avec Dieu. Après avoir ainsi transcendé les limitations et les imperfections de la conscience mortelle, l'âme est à jamais libérée de toute réincarnation forcée. « Celui qui vaincra, je ferai de lui une colonne dans le temple de mon Dieu, et il n'en sortira plus. » (Apocalypse 3 : 12.)

Le concept de la réincarnation n'est pas propre à la philosophie orientale, en effet de nombreuses civilisations anciennes le considéraient comme une vérité fondamentale de la vie. L'Église chrétienne acceptait à l'origine le principe de la réincarnation qui fut exposé par les Gnostiques et par de nombreux pères de l'Église, dont Clément d'Alexandrie, Origène et saint Jérôme. Ce n'est qu'à partir du Second Concile de Constantinople en 553 apr. J.-C. que cette doctrine fut officiellement retirée des enseignements de l'église. De nos jours, de nombreux penseurs occidentaux commencent à adopter le concept de la loi du karma (*cf. définition*) et de la réincarnation, voyant en lui une excellente et rassurante explication aux inégalités apparentes de la vie.

samadhi : Extase spirituelle ; expérience superconsciente ; au stade final de l'évolution spirituelle, union avec Dieu en tant que Réalité suprême présente en toute chose. (Voir *superconscience* et *Yoga*.)

Soi : Avec un S majuscule pour signifier l'*atman* ou âme, l'essence divine de l'homme et pour la différencier du « soi » ordinaire qui est la personnalité humaine ou « moi ». Le Soi est l'Esprit individualisé dont la nature essentielle est la Joie toujours existante, toujours consciente et toujours nouvelle. Le Soi ou âme est, chez l'homme, la source d'amour, de sagesse, de paix, de courage, de compassion et de toutes les autres qualités divines.

Self-Realization Fellowship : La société fondée par Paramahansa Yogananda aux États-Unis en 1920 (de même que la Yogoda Satsanga Society of India en 1917) pour répandre dans le monde entier les principes spirituels et les techniques de méditation du *Kriya Yoga* (*cf. définition*). (Voir « Quelques mots sur l'auteur », page 195.) Paramahansa Yogananda a expliqué que le nom *Self-Realization Fellowship* signifie : « Communion avec Dieu à travers la réalisation du Soi et amitié avec toutes les âmes qui cherchent la Vérité. » (Voir aussi « Buts et Idéaux de la Self-Realization Fellowship », page 198.)

Sri Yukteswar, Swami : (1855–1936). Maître de stature christique de l'Inde moderne ; guru de Paramahansa Yogananda et auteur de *La Science Sacrée*, ouvrage traitant de l'unité sous-jacente entre les Écritures chrétiennes et hindoues. La vie de Sri Yukteswarji est décrite par Paramahansa Yogananda dans son livre *Autobiographie d'un Yogi*.

superconscience : La conscience de l'âme, pure, intuitive, percevant toute chose et toujours joyeuse. Ce mot est parfois utilisé pour se référer d'une façon générale aux différents états de communion avec Dieu expérimentés dans la méditation, mais c'est plus spécifiquement l'état initial dans lequel on transcende la conscience de l'ego et on connaît le Soi en tant qu'âme faite à l'image de Dieu. Viennent ensuite les états plus avancés de réalisation comme : la Conscience Christique et la Conscience Cosmique (*cf. définition*).

Yoga : Le mot Yoga (du sanskrit *yuj*, « union ») signifie union de l'âme individuelle et de l'Esprit. Ce sont également les méthodes qui permettent d'atteindre ce but. Il y a plusieurs systèmes de Yoga. Celui qui est enseigné par la Self-Realization Fellowship est le *Raja Yoga*, le yoga « royal » ou « complet » exposé par Bhagavan Krishna dans la Bhagavad Gita. Le sage Patanjali, le plus éminent des anciens commentateurs du Yoga, a subdivisé le Yoga en huit étapes définies par lesquelles le *Raja Yogi* atteint le *samadhi* ou union avec Dieu. Ce sont : (1) *yama*, la conduite morale ; (2) *niyama*, les observances religieuses ; (3) *asana*, la posture correcte pour calmer l'agitation du corps ; (4) *pranayama*, la maîtrise du *prana*, courants de vie subtils ; (5) *pratyahara*, l'intériorisation ; (6) *dharana*, la concentration ; (7) *dhyana*, la méditation ; et (8) *samadhi*, l'expérience superconsciente.

yogi : Celui ou celle qui pratique le Yoga (*cf. définition*). Cette personne peut être mariée ou célibataire, et assumer des responsabilités dans le monde ou bien avoir prononcé des vœux monastiques.

Yogoda Satsanga Society of India : Nom par lequel la société de Paramahansa Yogananda est connue en Inde. Cette société fut fondée par lui en 1917. Son siège, Yogoda Math, est situé sur les rives du Gange à Dakshineswar, près de Calcutta, avec une annexe à Ranchi dans le Bihar. En plus des centres et des groupes de méditation disséminés dans l'Inde entière, la Yogoda Satsanga Society possède vingt et une institutions éducatives allant du primaire à l'enseignement supérieur. Le mot *Yogoda* a été créé par Paramahansa Yogananda et provient de *yoga* : « union, harmonie, équilibre » et de *da* : « ce qui transmet », c'est-à-dire la réalisation du Soi. *Satsanga* signifie : « association divine » ou « association avec la Vérité ». Pour l'Occident, Paramahansaji traduisit le nom indien par « Self-Realization Fellowship » (*cf. définition*).

INDEX

affirmations, emploi des, pour surmonter les difficultés, 10, 17, 19, 24, 29 sqq., 37, 61, 69, 88, 111, 112-114, 119, 137, 188. *Voir aussi* prière.

altruisme, générosité, 42, 43, 77, 78, 123-124, 134-135, 145-146, 149, 155. *Voir aussi* service rendu aux autres.

âme, Soi véritable de l'homme, 19, 22, 44, 50, 104, 106, 107, 108, 134, 148 ; immortalité de l', 162, 163 ; faite à l'image de Dieu, 4, 5, 146 ; nature de l', 4, 5, 6, 19, 115, 120, 125, 148-149 ; perçue dans la méditation, 6 ; voir les autres en tant qu', 146 ; immuable face aux circonstances extérieures, 37, 49, 106, 164 n.

amitié, 78 , 101, 110, 129, 130, 134-135, 149, 154 sqq., 166, 171, 186.

amour, 78, 121, 136, 139, 140, 141, 142, 143, 144 sqq., 172, 180, 186, 190 sqq. ; réponse aux problèmes du monde, 43, 44 ; définition de l', 144 ; pour Dieu, 189, 190, 191 ; de Dieu pour Ses enfants humains, 14, 39, 108, 191-193 ; humain

vs divin, 145 ; immortalité de l', 166, 171 ; en relation avec les autres, 125, 132, 135, 136, 139, 140, 141, 143, 144, 145, 146, 149, 150, 152, 153, 154, 155, 159 ; nature de Dieu, 29, 44, 184 ; par rapport au sexe, 152.

analyse de soi, *voir* introspection

argent, *voir* prospérité

attitude mentale, correcte, 16, 22, 28, 38, 74-75, 115, 117, 120. *Voir aussi* pensées positives.

Bhagavan Krishna, 26, 142, 146, 184, 203.

bonheur, trouver le, 14, 46, 73, 74, 83, 84, 90, 96 sqq., 103, 115 sqq., 129, 149, 172, 174, 175, 178, 183, 187, 191, 193.

calme, 25, 26, 52, 58, 68, 82 sqq., 91, 93, 120, 125, 130, 131, 133, 137, 139, 186 ; clé pour percevoir le Divin, 5 ; clé pour résoudre les problèmes, 58 ; nature de Dieu, 82.

Centre christique, 24, 111, 170.

chagrin, surmonter le, 47, 59, 91, 98, 99, 117 sqq., 128, 167, 168, 169-170, 190.

183, 187, 189, 191, 193 ;
son absence conduit à
des actions erronées,
104 ; apporte une énergie
curative, 29 ; expérimen-
tée dans la méditation
et la communion avec
Dieu, 9, 40, 48, 92, 124,
125, 128 ; trouvée dans
la maîtrise de soi, 104 ;
nature de Dieu, 4, 183,
184, 186, 211 ; nature de
l'âme, 19, 108, 115, 120 ;
preuve de la présence de
Dieu, 30, 189.

karma (loi de cause à effet),
surmonter le, 16, 17, 18,
19, 20, 101, 106, 163 ;
karma collectif, 20, 42 ;
l'âme libre du karma,
18, 19.

Krishna, *voir* Bhagavan
Krishna

Kriya Yoga, 19, 187, 205,
206, 211. *Voir aussi*
yoga.

Lahiri Mahasaya, 37, 58,
206.

libre arbitre, 16, 187.

maîtrise de soi, développer
la, 15, 56, 73, 95, 99, 102-
103, 104, 131, 137, 152.

mal, nature du, 14, 22, 98,
100, 103, 104, 105, 106,
119.

maladie, *voir* guérison

mariage, clés pour un mariage réussi, 149 sqq.

maya (illusion cosmique),
8, 21, 47, 87, 109, 136.

méditation, voie pour
connaître Dieu et les
qualités divines de
l'âme, 5, 6, 9, 14, 18, 19,
26, 29, 34, 47, 48, 54, 57,
58, 59, 69, 70, 76, 79, 83,
90 n., 92, 96, 154, 174,
175, 178 sqq., 185 sqq.,
189-190, 191, 203, 204,
205, 206, 208, 211 ; ef-
face les mauvaises habi-
tudes, 110, 112 ; clé pour
la paix dans le monde,
43, 44. *Voir aussi* yoga.

Mère Divine, 15, 41, 107,
184, 208.

monde astral, 162 sqq., 208,
209.

moralité, vivre selon les
lois de la, 15, 54, 57, 99-
100, 121, 212.

mort, 11, 17, 18, 19, 26, 38,
39, 41, 49, 160 sqq., 192,
208.

nature onirique du monde,
21-23, 47, 74, 106, 163,
164 ; transcendée par la
méditation, 26, 47. *Voir
aussi* maya.

nervosité, surmonter la, 7,
51, 82, 84 sqq., 92.

œil spirituel, 24. *Voir aussi*
Centre christique.

TABLE DES MATIÈRES

CPSIA information can be obtained at www.ICGtesting.com
Printed in the USA
LVOW06s0317251115

464134LV00001B/1/P